Eine Anzeige, die jüngst in einigen Zeitschriften erschien, fand unverhältnismäßige Resonanz. Die Zusendungen stammen zum Teil von Wesen, deren Existenz in dieser Form bisher nicht bekannt war. Wir beschlossen, die Sammlung unter dem Titel »Florida-Räume« zu veröffentlichen. Der Begriff bezeichnet vieles, was heimelig droht: Erweiterung des Lebens, provisorische Ausbuchtung, angelehntes Glashaus, postmoderne Gemütskrankheit, Denken in pyramidalen Modellen. Die Marienfelder Schule versucht das im Beitrag »Der Cocker« auf ihre kläffende Weise zu erklären. Von anderen Subjekten kamen Gedichte: Sie bevorzugen kurze, steile Wege für ihre Gedanken. Die Schreibenden betrachten die Welt wie durch ein Prisma, sie wird eng und klar. Die Lanzen werden sichtbar, die im Kristall stecken: Holz aus aller Welt, gebrochen durch immer dieselben metaphysischen Kanten.

Ann Cotten

Florida-Räume

Suhrkamp

2. Auflage 2023

Erste Auflage 2010

Umschlag: hißmann, heilmann, hamburg
Druck: BoD GmbH, Norderstedt
Printed in Germany
ISBN 978-3-518-24336-7

www.suhrkamp.de

Inhalt

Mit Schreiben Geld verdienen?

Ihre intimsten Gedanken mit riskanten sprachlichen Mitteln preisgeben, Ruhm und Ehre dafür erhalten? Das klingt unwahrscheinlicher als der Mensch, der sich in den Lüften als Pilot verdingen soll.

Das Unwahrscheinliche ist unser Metier. Ihres, unbekannterweise: Verzweiflung, Überlegung und Fleiß. Zusammen geben wir den Menschen mehr als die Boeing: die Selbsterkenntnis.

Zuschriften an:
Postfach 3768,
CH-4500 Solothurn

Begleitschreiben

Ich habe das Inserat mit Absicht unbestimmt formuliert, um die richtigen Subjekte zu versammeln. Was sie uns mitzuteilen haben, wissen sie selbst am besten. Etwa sieben Prozent der bei mir eingelangten Texte sind brauchbar, den Rest habe ich entsorgt.
Irrig wäre es, davon zu sprechen, dass uns die Subjekte auf den Leim gegangen wären. Die Begründung hierfür halte ich jetzt schriftlich fest, um der Diskussion, die wir jedes Mal über diesen Punkt mit gewissen Vertretern des Ethikrats führen, ein Ende zu setzen. Die im Dossier vertretenen Subjekte haben meine Strategie auf ihre Weise genau verstanden. Ihr Interesse ist komplementär zu dem unseren – so unfertig begriffen alle beide noch sein mögen. Sie spüren das Bedürfnis nach einer Instanz, die ihre Anlagen, Berichte, Auskünfte und Selbstbefragungen zu einem Nutzen einzufügen wüsste. Das Publikum, an das sie gewohnt sind sich zu wenden, ist dafür ein kaum tauglicher Ersatz. Seine Masse ist der jeweilige Rest des Vorhandenen. Vom Publikum bekommen sie Beifall oder Wärme – knapp und oft auf einem Missverständnis beruhend. Im Glücksfall kann dies die nächsten Ansätze zur Arbeit ein wenig beflügeln, wenn der Gelobte die Augen zukneift und ganz schnell schreibt. Also wird viel begonnen, aber den Texten ist wenig Umsicht zu eigen. Wo die Weisheit nicht kurz und glücklich getroffen wird, schlummert sie kindlich in übel geschnittenen Ecken, unbemerkt von den jugendlichen Erwachsenen, die ihre stockenden Besäufnisse nicht enden lassen wollen, beschreiben und feiern, reihern und ausleiern. So schlummert die Weisheit in Stücken, ungespielt.

Das Wahre kommt wunderlich, in kartonernen Kostümen daher. Da stolpert ein Textteil herbei und zeigt dem geschätzten Leser in der verschwitzten Handfläche ein Fädchen, ein Würmchen, einen vertrockneten Pappenstiel, den er gefunden hat. Das sind Einzelfälle. Zarte Augenblicke. Ein Verbrechen wäre es, das niemandem besonders hülfe, diese Augenblicke so, wie sie sind, zum Algorithmus der Menschheit zu zäumen. Es sind Geschenke, keine Paradigmen. Man kann einen zufälligen Glücksfall nicht in Farmen züchten, messen, verkaufen. Wie Sie sehen, gerate ich geradezu in Rage. Das Verständnis ist immer einzeln und noch immer keine Kernspaltung! Wir müssen es zuerst erforschen, bevor wir es manipulieren. Es ist ein Irrtum, zu glauben, wem es gelinge, ein Brett über einen Bach zu legen, der sei schon ein Brückenbauer, und ebenso wenig genügt es, Metallstücke nach irgendwelchen Prinzipien aneinanderzunieten, um eine Stadt zu heilen. Es braucht, wie mir scheint, zur Heilung der Weisheit so etwas wie eine industrielle Revolution der Literatur. Sie hat solche Möglichkeiten! Unser Plan fängt also an mit einer rigorosen Ingenieurslehre, einer festen Grundlage im Satzbau, losgelöst von der Idee des Künstlerischen, welches nur unausgesprochen sein Heil entfalten kann. Damit könnten sie endlich wieder etwas Großes bauen, dessen innere Struktur nicht einer pavillonösen Grundschule in Kansas gliche. Erst dann könnten wir der Menschheit Geheimnisse in ernstzunehmender Menge und Qualität beschaffen – und später lebendig entnehmen.

Wichtiger als irgendeine Schule ist, dass alles, was nicht stehen kann, auch wirklich einfällt. Wer wagte, ohne intime Kenntnis der Statik eine Stahlkonstruktion zu bauen? Und doch schreiben Menschen, die nicht merken, was sie daherreden, ganze Lastwagen voller Romane, und nichts geschieht

weiter. Also muss auch für die Literatur so etwas her wie Schwerkraft. Hat jemand Ideen?
Die Poesie müsste eigentlich durch ihre Kürze von solch blinder Verwahrlosung verschont sein, doch wurde bei unseren Untersuchungen festgestellt, dass sie in den meisten Sprachen weit konventioneller ist als die Prosa. Die unausgesprochenen Voraussetzungen, die unendlich kühn sein könnten, sind ängstlich verknotet. Gedichte zu schreiben, scheint es, dient dem einzigen Zweck, einem Dichtermenschen zu gleichen. Die Menschen versprechen sich davon eine Anbindung ihres persönlichen Erlebens an das offizielle Untergrundnetz. Es geht also bei der Poesie nicht, wie wir gerne glauben, um die Erforschung und Dokumentation der Wahrheit, sondern um deren Relativierung.
Wo das Gelingen konventionell ist, sind für uns die Fehler interessant. Die Poesie erlaubt mehr Fehler als die Prosa, weil die Statik bei einem kleinen Gegenstand nicht so kritisch ist. Hier ist es durchaus möglich, dass ganze Gebilde um einen Fehler kreisen und seine Deutlichkeit weithin blinken lassen; das gefällt uns natürlich sehr. Im Dossier findet sich aus diesem Grund ein überproportionaler Anteil an unvollkommenen, statisch katastrophalen Gedichten.
Damit es möglich werde, gute Texte zu schreiben, bedürfen die Schreibenden noch vor jeder pädagogischen Einrichtung eines sinnvollen Einsatzes ihrer Texte. Sie sind ja ganz verunsichert darüber, »ob das alles einen Zweck hat«, und versuchen das Unsichere durch den Begriff der Karriere (Fallschwung) mit ihren baumelnden Noppen (Professionalität, Zynismus, Arbeit, Konkurrenz) zu überbrücken. Fern ist ihnen die Vorstellung, dass ihre Arbeit etwas Gutes und Wichtiges werden kann, wenn sie sie gut machen. Hier springen wir ein, die wir über einen Überblick verfügen – jedenfalls

sind wir im Begriff, uns einen solchen zu verschaffen. Es hilft den Schreibern schon die bloße Behauptung, eine höhere Macht lese ihre Texte.
Wir müssen, was wir ernten, auch verarbeiten können. Wir haben bereits eine Menge Ergebnisse und kommen mit ihrer Untersuchung überhaupt nicht zurande. Wenn wir Programme zur Steigerung der Qualität der menschlichen Prosa ansetzen, müssen wir schnell auch unsere eigenen Fähigkeiten verbessern, um der neuen Prosa, wenn sie entsteht, gewachsen zu sein.
Einen großen Teil der Einsendungen habe ich, wie gesagt, nach kurzer Ansicht verworfen. Es sind mechanisch motivierte Anfertigungen. Was das genau bedeutet, werde ich gleich erklären. Wir müssen uns vorsichtig und auf Umwegen unseren zentralen Vermutungen nähern.
Was wissen wir über die Lage? Wirklich sicher ist nur die grundsätzlichste Annahme. Bei der Entwicklung der Ratio löste sich eine erst zum Teil verstandene Version ab und raste auf ihrer vom Rest abweichenden Bahn dahin. Dies nun schon tausende Jahre. Das unvollständige System wird als vollständig, das heißt auch als vollständigkeitsfähig, betrachtet. Somit herrscht panischer Zwang, alles ins Erklärungssystem einzuverleiben, und das ist angesichts der Unvollständigkeit nicht nur idiotisch, sondern äußerst hinderlich bei der Erforschung der Wahrheit. Bald zeigen schwächere Neusubjekte eine Neigung zur Umstülpung. Anstatt die systematischen Tätigkeiten um sich herum zu gestalten, formt das Neusubjekt sich selbst gemäß dem halbverstandenen System. Seine Selbstauskünfte dienen der Orientierung und Rechtfertigung in diesem. Seine Formulierungen unterdrücken, wie jedes Ackern, das von ihnen nicht Erfasste. Über das halbverstandene System selbst wissen wir ad nauseam Be-

scheid, da fast alle menschlichen Artefakte davon handeln. Wir suchen jetzt nach Lücken, Möglichkeiten, Brüchen und wollen sehen, ob in ihnen schon gearbeitet wird.
Was fehlt denn den Subjekten? Es treibt sie zum Sprechen, indessen zerdrückt sie, entstellt sie etwas. Etwas zwingt sie zur Verundeutlichung, zum Obskurieren ihrer selbst. Ihre Selbstentblößungen sind kokette Rüschen. Sie vermuten, dass sie etwas zu verbergen haben. Über diese Subjekte geben andere Subjekte besser Auskunft. Sie selbst sind auf dem richtigen Pfad, indem sie andauernd Romane lesen. Viele Menschen spucken, ohne es zu ahnen, sehr interessante Artefakte aus. Die Aufzeichnung davon ist aber nicht so einfach, wie wir zu glauben geneigt sind, die wir die hindernden Knoten nicht kennen. Das größte Problem ist die einschläfernde Neigung alles Irdischen, zu wuchern. Wir können schon alles aufzeichnen, aber es fehlt an umsichtigem Personal, um auf das Einleuchtende zu lauern.
Warum ist bei ihnen alles so wahnsinnig schwierig? Möglicherweise beinhaltet ihre innere Konstellation einen Konflikt, einen Riss in der Lebensarchitektur, der die interessanten Resultate generiert. Dafür spräche die Tatsache, dass ihnen gelegentlich eine zerstörerische Neigung oder eine Schlussfolgerung die Hemmung raubt; dass sie nicht mehr bestrebt sind, alles zusammenzuhalten, was nicht zusammengeht, sondern lieber zusehen wollen, wie die Trennung ihren Lauf nimmt. Diese Fälle sind für uns so nützlich, wie sie ihrer Gesellschaft schaden. Alle eint jedoch der ästhetische Gesichtspunkt. Es ist das Theoretische, ein Nadelöhr, dessen beliebige Anwendbarkeit alles Mögliche zu einen vermag. Was wir sammeln, ist auch unter den Subjekten sehr populär, vermutlich aus demselben Grund, aus dem es für uns interessant ist. Wo wir lesen, lieben sie.

Zehn ist bei ihnen eine ungesehen wirkende Zahl, da sie die Zwölf bevorzugen, nach Art aller Kulturen spirituell das Alte an sich drückend, dessen ästhetischer Hall kompakter auf sie trifft als die verstreuten Gemeinsamkeiten der Gegenwart. Die Texte in der Mappe bilden ein 10er-Gestirn, dessen Wirkung zur Typologie taugt. Gehen wir einer Illusion auf den Leim, indem sich immer etwas findet? Dagegen unsere Nase. Vor der Illusion sollten wir dennoch auf der Hut sein.
Von den zehn Artefakten sind sechs Lyriker, vier Prosaiker. Also fanden wir sechs prosaische Informanten der Lyrik und einen siebenten, die Natur, in welchem vier animistische Bilder zur Prosa stehen, von denen jede Erläuterung abperlen würde. Siehe Inhaltsverzeichnis.
Zustände sind Launen ohne Kraft. Sie entspringen den Andeutungen, die im Laufe der Erziehung der Jungen fallen: Wer lieb und harmlos sei, werde mit Zuneigung belohnt. Also zerstückeln und verkaufen die Kinder ihre Launen als Zustände. Es sind Opfergaben an die Zerstreuung. Der Mensch teilt sich auf, hat Zustände anstelle von Launen und erscheint in jedem Moment unschuldig, weil der Teil von ihm, der an diesem Ort die Schuld trüge, an einem anderen Ort ist, wo er ein unschuldiger Teil ist. Etwa befanden sich die Inquisitoren mit einem Fuß im Himmel. Auf der anderen Seite gibt es die Kinder der stabilen Form. Wer sich vom Gedanken verabschiedet, lieb zu sein, kann sich alles nehmen, was er will. Der Konsequenzzwang einmal begonnener Gewalt diktiert, was es eigentlich ist, das sie wollen. Binnen Kürze sind sie unter Einsatz ihres Lebens zu keinem Selbstzweifel mehr fähig. Sie werden sich, wie ihre Eltern, ein kleines Täschchen Sentiment erlauben, einen notwen-

digen Weichteil, um nicht ohne Nachkommen zu krepieren. Wir können sie nur von außen beobachten, denn sie haben kein Innen, es ist nie ausgebildet worden. Ähnlich ist die Langeweile zusammengesetzt: Ruhe in der Dunkelheit unter Schwebeschatten der Zerstreuung, dem Schutz eines belaubten Baums an einem Sommernachmittag gleich, der das Licht ebenso hindert wie durchlässt. In dieser Schwächung von allem kann unbestimmt verharrt werden, ja das unbestimmte Verharren erscheint täuschend zwingend.

Caesarisch wird nach seinem Erfinder eine Stecksprache genannt, deren Regeln bei Befolgung größtmögliche Primitivität versprechen. Primitivität bedeutet affektive Abschaffung des Subjekts. Sein Wollen ist durch Motivationen, seine Launen sind durch Zustände ersetzt. Das Caesarische ist ein eingeschränkter Code, also nicht so sehr Code wie Benutzerinterface, das dem Benutzer entgegenkommt, indem es große Teile in ihm ausschaltet. Es bildet die Grundlage der Verständigung von Halbwesen, die weite Landstriche ihrer selbst ignorieren. Wenn diese Subjekte je mutig waren, wurde ihnen der Mut durch eine lange Reihe kleiner Aufgaben ausgetrieben. Um uns zu taugen, müssen die Subjekte aber mutig sein. Wenn der Code nicht durchbrochen ist, verstehen wir nichts, außer dass der Code reproduziert wird; im Grunde gibt es da gar nichts zu verstehen. Zu unserem Glück ist das Durchbrechen des Codes die einzige Freude, die den Menschen möglich ist – und sei es bloß, wie zumeist, den Augenblick lang, der genügt, um sich selbst bei der Beachtung des Codes wohlgefällig zu beurteilen.

Nun zur *Mechanischen Motivation*, die ich oben erwähnte: Ich nenne so den Zwang, eine Maschine am Laufen zu halten und ihre Prämissen zu pflegen. Er wird auch Trägheit genannt. Die Maschine kann ganz beliebig sein und ist umstellt von ungeschautem, dunklem Kosmos, welchen das Subjekt scheut zu befragen, als erwarte es davon Stockhiebe. So fertigt es ein ausweichendes und einschließendes Gebilde von Konstellationen, zu dem es sich verhält, anstatt sich zum Kosmos zu verhalten.

Die Stockhiebe, auf die es programmiert ist, bekommt es auch von der Maschine. Das ist der *Akt der Liebe*, wie sie es nennen, und wie für Wärmflaschen herzförmige Plüschtaschen, so fertigen sie auch für diese Maschine flauschige Hüllen, Schulen, soziotopische Etuis an. Die Erfindung des Herzsymbols, erweicht und abweichend von der Anatomie vereinfacht, kann man wohl als die größte Erfindung der Menschheit bezeichnen. Gleich danach wäre die Zuwendung zur detaillierten Betrachtung einzuschätzen, der Realismus, allerdings wird diese Bewegung angeführt von keinem Menschen, sondern einer Maschine, dem Fortschritt, und seinem Abbild, der Fotografie. Diese Entwicklung tastet nicht das Plüschherz an, welches vorsichtshalber in immer entlegenere Kammern getragen wird. Fortpflanzung und Fortschritt werden seit langem vollständig getrennt wie Praxis und Theorie, und zwar durch Arbeitsteilung.

Ähnlich eigensinnig kanalisiert ist die Beschäftigung des Menschen mit der *Natur*. Es gibt drei Begegnungspunkte, die von den Menschen aufgesucht werden, die über zeitlichen Wohlstand verfügen: das Angeln, die Gartenpflege, der Spaziergang. Letzterer erfordert bei Überwohlstand einen Hund oder ein Kostüm zur Bezeugung der Sportlichkeit. Der Mensch kann in der Beliebigkeit sonst schwer die Konzentration halten. Er ist arg unsicher, was seine freiwilligen Handlungen betrifft. Den besten Halt gibt ihm meist die Idee eines anderen Subjekts. Er kann sich an der Intention, jenem anderen zu frommen oder zu schaden, aufrecht halten, solange er annimmt, dieser sei träger als er selbst: ein Betrunkener an einem innehaltenden Automobil, ein Richter an einem Verbrecher. Ansonsten bleibt der Mensch, bis auf kleine, chemiegerahmte Ausflüge ins Haltlose, bei einer erprobten Palette von Freuden, für deren Sinn ein Geldbetrag Garant ist. Er begreift seine Tätigkeiten durch die Bezifferung, wie er in früheren Zeiten den Acker mit dem Pflug begriff und gleichzeitig schuf.

Der Hund ist in seinen parzellierten Erscheinungsformen eine Kristallisation der Beziehung des Menschen zur Natur. Die verengte Palette von Naturbestandteilen wurde von Sammlern zu einem sinnduftenden Menü hergerichtet: Rassen und Charaktere, deren Eigenschaften man philatelistisch auseinandersetzen kann. Bei den Fischen dagegen ist man in der sinngebenden Durchleuchtung hintennach, weil es beim Angeln nicht so sehr um die Fische geht, deswegen gelten Fische als archaisch. Der nicht umsonst unter den Wasserspiegel verschwindende Faden des Anglers trägt, weit davon entfernt, das Gegengewicht zur Ehe, dessen Bild übrigens die Schnecke ist.

Die *Ehe* könnte man unter Umständen als vierten Begegnungspunkt bezeichnen. Darüber herrscht Zweifel, weil das Ausmaß der Verwendung einer dünnen Schutzfolie, um die äußerste Berührung zu vermeiden, nicht feststeht. Ob die Folie als Symptom der Umgangsformen an sich zu interpretieren ist, weiß auch niemand. Wir dürfen die Fähigkeit des Menschen, sein Wesen zu unterteilen, nicht vergessen: Er kann in manchen Bereichen ungemein praktisch und kenntnisreich sein, ohne dass sich das auf die anderen Bereiche auswirkt. Die Amerikaner beispielsweise haben ihren sprachlichen Ausdruck ganz zurückgebildet und dafür einen Reichtum an Grunzern, Nuancen und Wonnelauten entworfen,

um die zurückgehende Sprache nicht so sehr zu kompensieren, als sie vielmehr, unter Zuhilfenahme auch von Gitarren, angenehmer zu machen.
Zurück zu meiner Aufgabe, Ihnen die Eigenschaften der gesammelten Texte in dieser Mappe zu veranschaulichen. Ich sprach über die verworfenen Texte und verlor mich in Mutmaßungen, woran es liegen mag, dass sie so fadenscheinig und plump sind und dennoch existieren. Deutlich wird alles an den lügenhaften Texten. Ich weiß nicht, was ich von ihnen halten soll, und ich weiß nicht, wie wir mit ihnen umgehen können. Die Lüge steht in einer so vertrauten Beziehung zur Aufrichtigkeit, dass aus der Lüge viel zu lesen ist, und nicht Nebensächliches. Die Bewegung des Lügens ist deutlich, viel deutlicher als das aufrichtig gemeinte Bekenntnis. Es offenbart Verborgenes und Verbogenes klar und fein; all jenes, was die Wahrhaftigkeit irgendwie verschusselt. Die Lektüre davon kann grandios fehlgehen, und wenn sie glückt, Unheimliches zutage fördern. Bis auf weiteres habe ich die aufrichtigen Texte unter den lügendurchdrungenen im Dossier behalten, da ich momenteweise meines eigenen Eindrucks unsicher bin.
Es ist dieses uns schon fast zum Mythos gewordene Unheimliche, am Land zum Alltag, in den Subjektstädten aber durch Reproduktion und Information zum running gag verkommen, in dem wir aufgrund unserer bisherigen Ermittlungen die Verbindung zwischen den Schreibenden und uns vermuten. Darüber wollen wir mit ihnen sprechen. Feierlichkeit ist die beste Art, zu erreichen, dass Subjekte kindlich, zugänglich und aufmerksam sind. Viel an Feierlichkeit ist im letzten Jahrhundert abgebaut worden, doch halten sich hartnäckig in allen Winkeln Reste, die wir verwenden.
Bevor wir zur vertiefenden Arbeit fortschreiten, möchte ich

Ihnen noch einmal ins Gedächtnis rufen, mit welchen Sensibilitäts- und Kraftwesen wir es zu tun haben. Ihre Empfänglichkeiten sind für uns, die wir die ganze Sache mit einem Hieb vernichten könnten, nicht ohne weiteres einzuschätzen. Details, die sich unserem Begriff entziehen, die wir gar nicht in Betracht ziehen, können gelegentlich die verblüffendsten Auswirkungen haben. Ich erinnere nur an das Mobiltelefon, dessen Einführung so explosiv seinen Zweck verfehlte. Ihre Netze unterbrechen jetzt alles – wir müssen seit diesem Unfall wie bei einem Puzzle erst die Einzelteile zusammensetzen, um eine Physiognomie der Atmosphäre zu erkennen –, das war vorher nicht so. Ein Missgeschick dieser Dimension darf uns nicht noch einmal unterlaufen.
Im Umgang mit den Subjekten bin ich zu der Überzeugung gekommen, dass wir uns bei den für sie kodierten Botschaften auf Fragen beschränken sollten. Aufträge werden als Fragen übermittelt. Wir brauchen nicht in Erscheinung zu treten, wir müssen keine Informationen über uns preisgeben. Der Bericht lässt sich mit Fragen präzise lenken. Diese Fragen werden sich aus den jeweils vorangegangenen Berichten ergeben. Keine expliziten Drohungen, keine Belohnungen. Geschenke, wo sie nützlich sind: selten und stochastisch. Die Beeinflussung wird von den Turbulenzen der Fragen im Psychoplasma der Subjekte quasiautomatisch generiert.

Nachtrag: Kollegin F hat die Schreiben, mit denen die Einsender ihre Werke begleiteten, entfernt und verbrannt. Sie waren schmerzlich zu lesen, jeder hatte seine Methode gefunden, sich und sein Werk zu verraten, indem er sich der unbekannten Instanz anbiederte oder sich zu einem schnoddrigen Tonfall hinreißen ließ. Widerwillen und grundloses buhlendes Zutrauen überstürzten sich konfus. Ich hätte sie deswegen nicht gleich verbrannt, doch vielleicht ist es besser so. Ein Archiv ist ein Kunstwerk, und ein gutes Kunstwerk vergisst unwesentliche Makel, damit das Porträtierte in seinen wesentlichen Zügen deutlich ausgeformt wird.

Agentin

Wir nennen die Verfasserin »Agentin«, denn sie ist offensichtlich beruflich viel unterwegs. Müde schreibt sie, wie sie ihre Strumpfhosen abstreift, ohne etwas damit zu verfolgen als eine halbwegs kohärente Ablage ihrer Gedanken und Gefühle. Ihr Seele wohnt im Beruf. Sie setzt ins Gedicht keine Hoffnung und schreibt daher resignativ, pessimistisch, zynisch, gelegentlich romantisch, allenfalls sehnsüchtig. Nur eins der Gedichte beschreibt den Mut zum Leben. Eine waghalsige Statistik.

Das Ghasel

Als zwei Dichterinnen ungeschickt den Friedhof hinunterfielen,
wurde das Ghasel erfunden.
Wir sitzen vor eines weißen Brunnens Spielen,
ich, ich und ich, ich habs erfunden.
Hör auf, nach dem Kellner, exazerbierend unterernährt, zu schielen.
Du bist Tourist, du hast diese Stadt nicht erfunden,
du machst Fehler und trittst mit dem Fuß absichtslos neben »Schwielen«.
Du machst Fehler und hast diese Welt erfunden,
wo Radebrechen Radebrechen darstellt, auch hast du vielen
Dichterinnen ihr Belieben ~~hintertrieben~~ erfunden.
Sitzt hier am neuen Brunnen, wo sie mit Mozart dealen,
und keine Dichterin, trotz Fallen vieler Stunden,
wo Zeitlichkeiten Emotion, Kunst Weichen ölen,
weißt, keine Dichterin hat je den Tod erfunden,
wenn sie, wie oft, von zarten Brunnenstufen fallen.

I sing to the song of the birds and
the stoolpigeons and the many
presidents and cretins hopping
in the houses with their carpets
I sing international in private
And the man in me goes la la la la
la la la la la

Sometimes I will stop singing and
listen to the stoolpigeons and the
odds in the coffee rooms and dining
clinking and what works nothing
happens like a piston on a wheel
And the man in me goes la la la la
la la la la la

And if I were a flower pluck me pluck
me like a friend a guitar and maybe I
like such things something sees asphalt
with our eyes tired from the night before
unused to the lights bright hurting anyone
And the man in me goes la la la la
la la la la la

Aus dem Bauch der Welle, mit Wasser in der Nasenröhre

Ihr Luschen! Schreibt Gedichte über
Schraubverhältnisse, Busse, Fehler,
Pflanzen, Umkehrschlüsse. Niemals
würdet ihr am Morgen trüb auf eure
Füße starren müssen und euch
eingestehen: ihr kennt letztlich,
letztlich, letztlich, letztlich, letztlich
eure Füße kaum genauer.

Gedichte machen Spedition

Machen sensibel wie Tief-in-der-Hand, wie hohe Schuh
machen gute Haarschnitt Sanftheit in allen Dingen
Leitzeichen mit Ölungsöl auf Fußgestell und Bein
wie Sein oder sein Bild gleitet über Schlund und Schuld.

Und das alles wurde nicht bezahlt.

Schlitternde Ausfahrt wie Hunde, die anmutig sind,
wie geniale Mitesser, polierte glänzende Fressen
wie niemand sonst weiß wie du, was du verbrochen.
Machen dich schön, das wärs, und hier sofort Sein Sein
alles dann später mündlich können machen wir.
Lies sie nur und lerne, was ich dir nicht sagen kann
und du nicht wissen sollst. Das muss drinstehen.

Jedoch der ganze Plan –
Später mündlich machen wir.
Aber der Plan, das Konstruk-
Später mündlich machen wir
toc toc toc toc knall

So viel jünger als vorne

Mein Gefallen frisst Vermächtnis
Mein Gedächtnis frisst dich auf
Mein Vorgehen frisst dich auch
Welch unfehlbares Verhältnis!

So: dich gebe in Enthältnis
so: dich halte in Versuch
so: dich nehme in Gelächter
wie das Suchen sucht das Rufen.

Wucht, die in sich selbst verheilt
Großtaten, sich rumverratend
Partyhengste unverpeilt
Rasend klagend schöner Abend.

Lass die Wangen nicht versauern
lass die Küsse rückwärts fließen
in den Schlund der linden Auen,
in den Gliedmaßen der Tugend.

Das ist ein Milchshake! Die bananigen Resultate der freien Würfel
in ein Gefäß, worin regelmäßig auf die Taste drücken.

Variationen über ein Fragment von Sappho

Alle schlafen,
der Mond ist hell und klar,
nur ich ruh lose umher,
denk an ein Gedicht

Alle schlafen
der Mond bleibt kleben
ich rau und unklar
auch hier

Schlafen alle und der Mond
ist da und da
ich auch
du nicht

Ich bin da und schlaf nicht
mit wem sollt ich
für den Mond ist das
egal, er hat die Plejaden.

Plejaden Plejaden Plejaden
wo ist der Mond?
und überhaupt
wälz und wälz mich

Licht weg
alle sind
wie tot
ich nicht

Es regnet.
Es gibt Plejaden.
Es gibt mich.
Man schläft.

Der Regen hat aufgehört,
der Mond ist weg,
man sieht die Sterne,
das Fenster ist offen.

Das Laken ist leer.
Ich war spazieren.
Ich sah die Plejaden,
den Mond.

The shape of the eye and the cowardice

Sprung durch den Styx, ein Vorhang
aus Quecksilber, ein Vorschuss, ein Frühstück.
Du machst die Augen zu und durchstößt die
Wasseroberfläche.
Nun bist du in einer anderen Welt. Wie Worte,
merkst du, sie bezeichnen auch hier unten
Verhältnisse, Räume und Steine, alles veralgt, verlangt,
verargt nichts, und das Wort Fische kommt hier
zu sich, zu dir bloß, wie du weißt. Das bitter
Erinnern, wie trocken das Land und wie dürftig deine
Begriffe,
doch du darfst sprechen hier, machst liebliche Luftbläschen.
Aug in Aug mit Alge am Horizont des Nass, nah,
jemand hat ohne dein Wissen deine Haare
zurückgestrichen.
Die Blässhühner wirken klug wie Dirigenten.
Jemand zeigt deiner Haut, wo es beginnt. Sich aufzulösen
ist diese Haut sofort bereit. Trag sie davon in absehbarer
Zeit.
Davor aber tauch noch mal unter und schiebe die
Wimpern hoch, reiß die Augen auf. Du siehst, du siehst,
was du Welt oder Umwelt zu nennen in Luftblasen
scheiterst.

Nein

Sie glühen ver – ver – ver-
teufelt und zum Heulen
they're losing it
blühen sie heut Morgen
weiter und heut Nacht
aus heute Nacht blühen sie
aus.

Meine liebe Frau, sei
nicht wie Tulpen
sie sind zu schnell sie
sie machen etwas
nicht richtig.

Eben fällt es ein. Was denn? Du brauchst für ein Gedicht
kaum was. Was denn? Ein Blick, der nicht kapieren
darf, was er kapiert. Bring ihn aus dem Konzept.
Um ihn einzusacken, den Tag. Nachmittag, früher Abend,
Nacht, und es beginnt gut zu werden. Da gehst du schlafen
und träumst: Arbeit. Wer kann Arbeit wirklich lieben?
Nur glücklich am Schreibtisch, wenn daneben jemand liegt,
weswegen du leise tippst und heimlich. Und
heimlich Licht gemacht hast in der Nacht, um zu schauen,
ob nichts sich bewegt. War bloß der Vorhang, der den
Karton
streifte. Durchsuchst Schubladen, brauchst den Schlips
Papier, den du damals geschickt anbrachtest an einem
sinnigen Ort, der dir jetzt entfallen ist. Einfalt,
Zeilen, um einen neuen Anfang zu kreisen, suchst du –
Beginnen. Es beginnt natürlich unter der Decke.
Die Früh ist ein Gegenüber, monströs wie du, doch du
hast die Augen wieder geschlossen, klüglich: es war erst
sieben.
Du hättest schon beginnen müssen. Aber wie? In der
Badewanne?
Dort liegen noch die Haare von gestern, die Seifenreste.
Am Balkon? Zigarette? Dort friert eine Kapuzinerkresse,
und du
kannst an nichts denken als den Geschmack im Mund,
das Faule, den Überhang von gestern und vorgestern und
und und und. Davor war irgendetwas, du musstest
versprechen, nicht daran zu denken.

Um sieben kommt dein wahres Ich nach Hause. Du
stellst dich schlafend, machst wie absichtslos Platz auf
der Matratze, aber das Ich geht ins Bad,
duscht und fängt an, Kaffee zu mahlen.

Akathartiker

Und unversehens schliffen wir Charlottenburg denn,
um eine Ecke biegend als Kaleschen
der zarten Lichter dieses Demiurgen
ansehend sehr herrje debile Nächsten.

Und hätten tausend Narren uns gefressen,
schäkerte schmollend dieser kleine Demiurg,
schlenderte ich mit Ihnen dementsprechend ausgelessen
spätenden Tages durch Charlottenburg.

Wir wären allerdings im Bauch der Narren,
es schaukelte uns hoch, wie Schiffe knarren,
der hellgetäfelte, vielräumige Wahnsinn.

Und hätten Bienen uns mit ihren Pranken
der Lügen überführt auch in Gedanken,
wären wir wahr, weil wir dieses Argen Galan sind.

Tzvarnoharno, fort

Gelassnen Schrittes schreit ich auf die Lichtung zu,
in der du zugibst, dass du Myrthe bist:
kein Zeichen, ein Gewächs zärtlicher Schönheit
vom grauen Flaum der Bildung wie Natur begrünt.

Wie dies Spazierengehn mein Leben schönt!
Mich kneifen deines Verstandes Ästchen!
Durch deinen Herzglanz, deiner Logik Torheit
geh ich erkleckt in jene Richtung zu.

Und baut sich eine Lederjacke vor mir auf,
mir meine Zigarette aus der Welt zu nehmen,
und fühlt sich ein Beamter auf den Schirm getreten,
weil ich mir anmaß, schlau zu ihm zu reden,
spricht meine Seele, jener habe nichts zu sagen,
der wagt, eine gestählte Seele anzuklagen.

Die Regression geht weiter

Love, love will tear uns apart
Ein deutscher Geist tritt an den Start
The devil never fails his mark
I am a man & you are a heart

Der Dichter kreischt, der Sänger singt
Wenn keinem das Gefühl gelingt
Ein Fehler, der die Seele kränkt
Ein deutscher Geist tritt an den Start

Ich gebe diesen Schwanz in mich
Kauer mit Vorsicht über dich
Augen fragen, Knochen hart
Love, love will tear us apart

The devil never fails his mark
I sally sorry in the dark
Ich presche vor, du lachst zum Glück
Kinderfrau Tag ist bald zurück
und hängt euch beide an den Strick

Ein Mann ein Wort ein Augenblick
Dein Dastehen ist unerhört
Nimm diese Tuchent für ein Pferd
I am a man & you are a heart

Bettine & Bettines Mutter

Diese Sammlung erreichte uns in mehreren Teilen, die sich ergänzen und überschneiden, denn sowohl Bettine als auch ihre Mutter haben jeweils Gedichte von sich und von der anderen geschickt.
Wie unverschämt diese beiden ihre Sachen zeigen. Was ist unverschämter: Die Bitterkeit? Die Frechheit? Wissen? Ahnung? Ignoranz? Die älter werdende Frau spiegelt den Teenager eschatologisch wider, die 14-Jährige enthält einen Hohlabdruck der Mutter.
Wir finden auch Elemente, die dem gemeinsamen Haushalt geschuldet sind: running gags, eine bestimmte Art, absurde Hauptwörter zu haben und zu schenken. Die kulturelle Umgebung ist dieselbe, wenn sie auch der Mutter ein anderes Gesicht zeigt als der Tochter.
Wir sehen die Launen wie Wetter wechseln; aufgeräumter Fleiß bei der Mutter, dann wieder eine regredierend hingerotzte Tirade, ein modulierter Seufzer. Die Werke entstammen, vermuten wir, einer längeren Periode. Bettine ist es seit ihrer Kindheit gewohnt, launige Stücke zur Freude ihrer Umgebung zum Besten zu geben und auch zu notieren.
Die Tochter ist sicher mit Bewunderung verwöhnt, dafür nicht übermäßig gut orientiert. Die Mutter hat ihre Launen nie überwunden, weil sie sich darin mehr vertraut als in tückischem Gleichmut. Ihrer Tochter wollte sie sich nicht falsch zeigen, ein unerfüllter Ehrgeiz ließ sie indessen nicht zur Ruhe kommen oder doch immer daraus hochschrecken. So kennt Bettine

weder Freund noch Feind, alle Umgebung ist Bewegung, unverlässlich, mal bedrohlich, mal Anlass zu höchstem Entzücken. Sie versucht, diesen fürchterlichen Urwald mit ihren Worten magisch zu bannen. Bettines Mutter schreibt schon Sätze.
Bettines Gedichte entstammen zum Teil den Schulstunden. Sie dienen der Unterhaltung ihrer Mitschüler. Zum Langgedicht »Die Klassenfahrt« haben wir einen Eintrag auftreiben können, der als loses Blatt ins Klassenbuch eingelegt wurde:

»Ich kam auf dem Kontrollgang ins Abteil und fand Bettine auf den Sitzen stehend vor ihren Kameraden mit großem Elan ein Langgedicht perversen und ernsten Gehalts unter großem Gelächter der Kameraden deklamierend. Die Kinder hatten auch Alkohol getrunken. Die Flasche war unauffindbar, angeblich aus dem Zugfenster geworfen. Trotz eindringlicher Befragung war den Schülern der Verfasser des vorgetragenen Werks nicht zu entlocken. Bettine behauptete, es selber geschrieben zu haben, was mehrere Mitschüler kichernd bestätigten. Tabea rief, es sei ›von Goethe‹, was offensichtlich nicht stimmt.«

Die Klassenfahrt

Ich fühl mich so komplizig
mit blitzgescheiter Kunst
Nicht immer bin ich witzig
dann sag ich blauen Dunst

No fucking Dauerwelle
just a dirt Dreck like a Donau
wälzt sich über deutsches Flachland
like a Káffee over Fliesentreppen
and the sand sound of my souls
makes me go mad
plonk plonk plonk
plenny plenny plenny plo
what a manhole it is, really
not a cigarette butt in sight
just viagra, viagra, viagra
through the ICE, over the plain
goes my sad refrain, my bellyache
the blues of a fucking tapir
in a horse plush costume

flush it, it's a head
whisk it literature
down in your pocket
up through the drain
and the faz says
faz faz faz
all night long
and I cannot dream anything
any longer

Then, ten minutes on,
my phone rings? Nooo
His nose is running? Nary a thought.
Some one has woken me up
he says to me »Endstation«
I was drooling in my sleep
I knew that
Everybody knows
All the people have to get out here.

Ich bin ein Pechvogel, darling
was willst du von mir
Das Gastschampoo
fällt ins Klo
I wanted to kill you
but you said no
so what are we for?
Jetzt sitzen wir da
und weinen bitterlich
und niemand ist froh
weil nämlich
es stimmt gar nicht

Dass wir nicht im Gefängnis sind
Nein wir sind im Hotel
und das Dorf ist ein Klo
Wir sind in der Hölle
und der Strand ist ein Klo
Die Robben sind tot
die Seeigel stachlig

der Seemüll blutig
die Urlauber nackig
die Stiere böse
die Haie leer
die Strandläufer böse
die Krabben leer
die Wurmlöcher leer
(Ihr wollt eine Polonaise?)
die schwarzen Löcher leer
die Bikinis leer
die Atomversuche leer
die Fische leer
Das Meer leer!
die Schiffe leer
die Schiffer besoffen
die Models angekokst
die Haie angekokst
die Seesterne traurig
die Seegurken auch traurig
die Katamarane wie gesagt
nein hab ich noch nicht gesagt
aber zuerst geschrieben gehabt
also die Aludosen leer
der Seetang leer
der Krill leer
der ganze Krill leer leer leer
die Halbinsel Krim leer
Riffe, Öltanks, Flugzeugwracks
alles leer
die Otter, die Wale, die Katamarane
leer leer leer oder zumindest halb leer
sogar die Galeeren sind leer

und die Galerien sind leer
die Maschen sind leer
die Mäuler sind voll aber hilft auch nichts
die Taschen leer
die inneren Taschen leer
die lumineszenten Reproduktionstaschen der Katzenhaie
sind leer
die Seegurken (o hatten wir schon)
die Seegurken also
die Seegurken
die Seegurken
o, o …
O wo ist mein Raumschiff hin?
O wo ist mein Raumschiff hin?
Es war so klein, aber es war
besser als das hier

Entscheidungen meiden
aber trotzdem
Frauen entkleiden
riet mir mein Bruder

Sieben Mal tat ichs
sieben Mal wurde mir die Bluse
über den Kopf gezogen
und der Kopf wurde mit den
noch herumliegenden
Entscheidungen kurz und klein geprügelt
Ich war erst dabei, die Muttermale zu zählen
Da hatte ich schon keine Sommersprossen mehr
die ich mein Eigen nennen konnte
Bin ich jetzt klüger?

Nicht im Entferntesten
nur windelweich, benommen und sauer
auf alle Feinde meines Bruders

Sie bäumt sich auf: Und wenn der Beamer nicht wackeln
würde
hätte ich nicht all diese paar Shots getan
Ein Dichter ist besser in einer Blackbox
Er darf glauben, dass er Radioverbindung hat, hat aber keine
Wackelt erratisch von außen gesehen, von mir aus auch
semantisch

Unterlegt einen Besudelungsschutz, aber lasst es.
Ihr seid sowieso impermeabel, eben weil ihr
anders könntet, müsst ihr um jeden Preis
euch verbergen, verleugnen, alle vertatschern, alles
verbessern.
Ja! Was kriecht ihr in die Winkel des Frühstücksraums
und flieht die Wände hoch? Was sucht ihr Gott haargenau
so,
dass er unauffindbar in der Zimmermitte steht?
Steigt auf den Besudelungsschutz und
hebt ihn hoch und
macht euch ein Denkmal
macht euch hunderte Denkmäler
mir egal
ich denk nicht mit

Kommt herein, mein Hirn ist euer Bungalow
und es ist gut so. Hier, trinkt Wodka.

Ihr seid sowieso unrespektabel

Mein Hirn ist ein Burgtheater
obszön und leer
ihr habt zwar Fürze als Gesichter
aber ihr seid dafür wenigstens nicht da
Ihr habt Gesichter zum Fürchten
Siebentausend Tonnen Schminke
bringen euch nicht zum Einschlafen
Schlaft! Schlaft! Schlaft endlich, Weiber, Cretins, schlaft!
Schlaft!

Tierfilme …
Hol mich der Henker!
Das Schaf hat eine Mütze auf
und kein Gesicht oder keinen Kopf
Mittdreißiger und Mittdreißigerinnen gehen es an
sie wollen ihm einzelne Zigaretten abkaufen
und zwar eine ganze Handvoll
Reife Abstürze
können sich sehen lassen
doch das Schaf in seiner Mütze
fummelt und fummelt

Abraham sein, sie töten und mit ihnen den Bach runtergehen! Ah welch blauer Himmel. Was fleischniedliches junges Blatt. Oh for the blood of a lamb, I should drink this nachmittag and evening aus.

Dann wachte ich auf.

Tiefebene …
Hoch ist der Henkel!

Der Schlaf auf den Zehenspitzen
und kein Gehen und kein Stehenbleiben
nur dieser elendige Wind
endlos dieser ewige Wind

subtext
the gaseous nausea of the prom
the nostalgia of the party

She gets butter on her ketchup package
eating funny things for breakfast
can't find her sea cow poem
looks again and again
decision about reaching to bag
deteriorating her gestures
bye the bye

trying to make a funny drawing on the napkin
she kills her pen in the soft folds
the soft folds of fame
fold her inflammation in
folds of fame

funny animal of thought
funny animal where have you gone among the folds
if you would fold me it would be ok

möchte ein Besudelungskünstler sein
drückt Ketchuppackung mit Gabel aus
geht kaum was raus
Loch zu klein
probiert immer wieder

streicht mit der Gabel die Packung runter
wieder und wieder
bis ein halbwegs Globus
neben und unter Packung
Butter noch immer unter Daumen
zwischen Daumen und Ketchuppackung
alles andere fällt auf die Hose das ganze Frühstück meine ich
Tomaten, Gurken und so, Eierspeise, auch mit Ketchup
halt dem, was rausgegangen ist

Loch zu kleben
kommt nichts raus
geht nichts raus
wir sind aber drin
wir sind aber drin

Ein Jüngling, dessen Fühler wohlgewachsen,
weil das Gefühl, sich selber überlassen,
an eigenen Reizen ausreichend Gefallen
fand, und Muße, das zu nehmen, wie es kam,
empfand die Völletugend, sich zu mehren.

Sah seine Wahrheit dort in schlechten Hirnen
und rührte seine schöngeformten Lippen,
um, was er war und liebte, zu erklären.

Die Leider tranken Wein und nickten tief,
die anderen, die Huster, blickten schief.
Und so ward diese treue Sucht geboren
und gleich ihr kleiner Meister auserkoren.

An Horatio, die Herzsegelklappe

Mechanik kann ich auch ein wenig, Lieber.
So können wir einmütig fürchterlich
für morgen gehn, um in den Weg zu stellen
zwischen uns beiden Kantwurst Anbetracht.

Dein Bauchweh, meine Diva, dein Erleiden,
und meine Schuldigkeit, welche mich fröhlich stimmt.
Bin höchlich lieb zu dir, nun bin ich da
und meinen einzigen, kurz dauernden Schmerz
erweckt ein Ast eingewachsenen Wuchses auf dem Weg.

Dort gehst du wie Atomkern hinter mir ein Stück.
Was ich verschüttet, hast du aufgesogen.
Du trägst die Sorge, sie wiegt dir nicht schwer.
Ich trage nichts, weigere mich, zu haben.
Nur bitter stößt es auf, wie Krokodilen
die Speisereste ihre Tränen grüßen.

Ich mache Kompliment wie Sahneschlange.
Du fegst es fort wie ein verletztes Tier
die Fliegen. Deine schönen Haare grauen,
ich, Auslage, will deine Arme schauen,
hinreißend stolz, pechbleich im roten Netzgewand.

Traurig pflanzt

Erdung, Erdung zu Herrgottna zu Kapitän.
Wir gehen unter, langsam und gut bedient.
Wir bedienen andere. Wer kack wer kack
wer kack wer kack wer kack HÖRT MIR ZU.
ZU! Arbeiter ihr stinkt. Mädchen ihr beleuchtet Freude
aber versteht es nicht zu gehen. Wollt ihr mir
nicht begrüßen den König, den Herrn Tresen.
Niemand weiß, wo der alte Makel hängt, in dem alle,
ich meine alle Pronomen nach Hause gehen könnten.
Wir probieren Schianzüge, doch die Schianzüge sind schief.
Glaubt mir das alles nicht, ich bin eine in die
primitive Erde mit einem Ende gesteckte Brille.

Ich habe keine schönen Füße
ich übe Verse
Niemand vermisst mich wo ich stehe
wo Fremde wäre
bin ich und wünsche Atopie
lappende Wörter Ende nie

Ich habe keine schönen Füße
bin Dichterin
wenn jemand fragt und was ich tue
geht selten auf
bezeichenbar oder in Rechenschritten
auf Trampelpfaden und inmitten

Ich habe keine schönen Füße
die Verse unschön
doch tragen sie mich immerhin
ein Weilchen weiter
kaum bis in Zivilisationsgefilde
wo Freunde freundschaftlich im Bilde

Meist bin ich vorher schon ermüdet
und meine Füße
verdreckt und angeschwollen
voller Gift
land in der eignen Küche ich
und trinke mitternächtlich mich

The ill wind promises

When the oscillator hums, I'll hold your hand
When they come to get you, I'll pull you aside
When the engine purrs, I'll find the right words
When the music stops, your lips may have to part

When your baby's born, I'll carry his name
When your mother visits, I'll hide in your bed
When your husband comes by, I'll turn up the music
When the party's over, I'll hand you your handbag

When you kiss me, I'll stick a hand in your pocket
When your lover calls, I'll braid your hair
When they come to get you, I'll talk nonsense
When you're dead and gone, I'll smoke a cigarette

Kind, schau sie an, sie tut mir weh.
Ich klage ihre Augen, ihre Bluse,
die Farben dieses Herbsts, die Frühjahr
hingewiesen möchten. Und die Stiefel!

Baby, dear, she scares me, help.
So thin and talking up a storm
and like a weed and pliable, industrious,
but foul and young in every deed.

Puddle-wonderful, und ihre Stimme,
die bricht an Kanten wieder dir und wieder,
klagt an und klagt und Licht fährt in die Schminke
der Stimme des Regals, der Todesnötigungen.

Christopher, help, she kills me with her limping,
her livid hands, her eyes so malcontent,
dem Zelten ihrer Haare nah bei mir, her nose
sweet as a garden hose in downward spirals

gyrating, ihr nervöses Revolvieren
vor dem Bösen, und die Menschen, die sie schänden,
wirft sie dem Nächsten wünschelnd vor die Füße.
Sie hat den Körper eines Kreuzritters, die Metze.

Und immer möchte sie dir sehr gefallen.
Und immer fällt dir alles aus den Händen
von wegen Zügen ihrer Lippen, schienen sie genügend
voll und weise für die besten wahren Zuckungen –

doch jedes Zucken ihres Fleischs ist falsch,
wahr bloß, was liegt auf ihrer Zunge und sofort,

von anderen verdrängt, die Luft verlässt, die sie dir, Kind, und mir zum Auskurieren überlässt.

Vesperbitte

In Demut hau ich mich aufs Ohr
und schlafe wie ein Hund.
Ich geh in Hut der Dunkelheit,
verlass mich ohne Scheu,
doch wenn im Schlaf ich zucke, renne,
winsele und heule,
dann nimm mich fest mit einem Arm
und breche meinen Mund.

das muss total pathetisch klingen
total wichtig
aber doch
irgendwo
wir waren aus der quelle
wie quasi sprudel.
aber geil
und mit kohlensäure
wie ein diamant den man heut von der in-ebene
nur lockerer und so
pathos das rasselt
wie vorschlagen in den spinden
denen in denen bekommen die welt
sie in dem sie könige ver
verarschen und ein wenig rauch
das machen die augen.
und kippt etwas um
wer nähme es einem komparsen
übel? einer zum vergleich
bereit, reckt sich, der vergleich
findet nicht statt
stattdessen auf saunas, auto
und vertreter
und vokabeln verteilt
und ihr findet
wir sollten langsam
aber nein aber nein aber nein nein nein nein!

(das fand ich nach dem schlossfest in meinem notizbuch vor, am 20.9., kann mich nicht erinnern, es geschrieben zu haben, aber es ist schon meine schrift. B)

Alle Schwäne heißen Reinhard. Nein kaum, 'ch weiß
sie sehen bloß drein, wie. Wie sehen. So wäre
-------biep------- Brosamen und sie sind nur
was sie dächten (nö nö nö.) Sie haben Brillen
ach was organische Schranken. Lichtschranken
‚nicht? Um Halsen und füßeln so schwarz wie
füsiliern und jedes, jedes, ach ja jedes
dächte: mir? So?   Dann komm sie her, zu
plustern und mit Brosamen lenken deine, die
– die, ja? – uns Wissen zuteilen, an Hälsen
kämen umschweifend ja bloß davon um zu
je (weils) an Wellen sich tragend, auf Halsen
so abbruchreif, so plusternd, so so fragend,
um mir, wie jedes, »ach« zu sagen, nein »krach«.

Kommen sie und sind mehr als what
you can deal with es geht nicht um Bros---
es geht um   Schwansachen
und du siehst sie dann liegen mitten
im Platzregen mitten am Wasser verteilt
und weißt nicht, bleibst ne Zigarette lang
stehen. Krümel, Krümel und Krümel.
Dann gehst du wieder, der Reifen ist geplatzt
und muss geschoben werden bis bis vor die Haustür.
Was wollen sie eigentlich, die ganze
Länge des Kanals? Musik leise zu
hören, alleine zu sein und Schwäne
durch einen Film, wie durch einen Film
zu betrachten, ohne notwendig zu denken,
alle Schwäne hießen Reinhard, oder Charlotte.

Am bunten Hang

DAS IST MEINE ARBEIT,
DIE AUSSIEHT WIE ABSTURZ.
Doch tragen wir im Absturz
die Arbeiter in Kneipen. Höhöhehe …

Der Panikhund nölt in den Schatten, kracht,
lappend, in viele auf eine weite Fläche verteilte
Teile. Nie fuhr ich wieder weiter, noch mal.
Allein auf der Flur mit der Panikuhr,
sie tickt nicht, sie ist niedlich,
doch Niedlichkeit wirkt hier nicht.
Die sind unerbittlicher als in der Stadt,
sie sind härter und scharf an der Kante.
Dies, weil alle so sind, wie sie sind, aber diese sind
besser, vertraut, am rechten Fleck und so weiter.

Der Panikhund kläfft in den Himmel, der
leuchtet einen Stab in die Augen der nacheinander
übereinander schnuppernden Horde von Rauscheln und
Ärschen.
Und kosen die Farben die weiße Fahrt,
sind alle still im Lift.

Nose Flute
Flutet die Ahnung

Lose Schnute
Öffnet den Mund

und ihr findet und ihr findet
aber aber aber du
macken tanzen unter tischen
krachen amaretti leise
leise leise leise speise
röhrend klettern sie da runter
bis sies finden eine weile
rackern sie in mir die hölle
los wir treibens aus

aus den häuschen stürmen die
katastrophalgranaten leise
äpfel mampfend faselnd wie die
affen feile lutschend luschen
loser bin ich lieber bleib ich
weilen weilen immer da
denn was kommt denn denn verdammen
können wir es später bester
falls es klappen solltete

wer um halsen schluckend brechen
kürzer kürzer rein und ziehen
wer es könnte wer es brächte
serien oh serien oh man
sähe klarer weh und dröhnen
kämen manchmal nur zu spät
nöcher luschen mehr und höher
kippen teppen idioten
tritte fassen schritte lassen
wenn der karburator stöhnt

De atra bile

A terrible claw has hit me
es wohnt in der fototapete
frag mich nicht I don't know
what it is aber es ist
atrum ein schwarzes gerät
es gibt weniger vokabel
at the edge of cigarettes
nett nur mehr furchtbar
war der huf an der schläfe
die kante von etwas less
denn what I've ever been
vornüber wenn ich sie zumache
ein schlüssel zu was ich nicht
wissen will at four at night in a dark rain
lümmeln morgens reste davon am himmel
und lachen die kinder die blätter platt
ich glaub der natur kein einziges wort
grab the grit from the pflastersteine
regne terrible pures entsetzen meiner beiden
zimmer seit meine nägel alle sämtlichen
verschollen aufgequollen mit weißlichem aufschlag sind
zu schrauben geworden in unverständlicher nacht

Essen fassen

Sie will sein Schlemmen modulieren
wie Efeu nuckelnd das von einem Baum.
Opportunisten beide, unterschiedlich lang
getaktet, manche Wurzeln stramm
am Stamm des andern, in der Luft, die andern
Wurzeln kühle Finger mehrlich tief im Grund.

Es trügt der Anschein bei den Frauen:
Der Efeu saugt nicht aus, er ist halt dort.
Und sei das auch der Hals von einem anderen Baum.
Das nennt man dann Herzlosigkeit der Frauen.

Indessen trügt der Anschein auch die Frauen:
Was glauben sie eigentlich, wer sie sind?
Photosynthese ist der Clou, nicht Standortfragen.
Das Eincremen der Blätter hat anderen Sinn
als sanftes Einmassieren alter Fragen.

So der Soldaten Essen Fassen birgt
Fässer von Sauerkraut wie auch das Fasten.
Die Frau fragt nicht, was dieser Efeu soll.
Sie lässt sich füttern und macht Volksetymologie.

Killen wir den Zichoree
Faserstrukturen wie wir
leg ihn leise in die Spree
grün und so bedürftig

Wenn ich saufe, verlieren sich
wenn ich liebe, die Schlieren der
Zeit ich liebe Ferne, die Zeit
vergeht kaum, ich bin jemand
und zwar hier, aber dunkel
ist kein Raum, wo du bist, und
ich bin jemand, sage mir »ich«
und saufe auch, in der Ferne,
»bin hier auch« sage mir, du
auch, »so besonnen und so komplett
desorientiert« um halb zwölf
rufst du an, sind es Tränen, sinds
Stockungen oder ein Rauschen,
wenn ich saufe, ist alles hier
Illusion, und du krankst, und ich
denk oh I have a sore thought.

In diesem Rausch zu wissen
woran woran woran
was Leguane vergaßen jenseits
abzumachen
Rosen Rosen bösen Kir
freuen wir uns über und über dir
Hürdenlauf keines aber ein Wissen
ein Drunterkriechen
und Leiden kriegen leiser kriechen
und immer lispeln Reichere

gleiten und kriegen
wirren gleiten
segelnde Logik solange es riecht dann
(schnief)

Boden.

Der Cocker

Dieses Manuskript überbrachte ein junger Mann im Auftrag seiner Verfasser, der »Marienfelder Schule«, insonderlich des Cockers, der die dümpelnde Sache, wie es scheint, an sich gerissen hat. Die Theorie der Florida-Rooms ist, so verstehen wir den langen Anlauf, nicht nur Kern, sondern besteht auch aus den Kurven und dem Ausgang. Die Theorie ist eine bodenständig-preziöse Konstruktion, Gebäuden nachempfunden: wenn sie nicht dastünde, wüssten wir nicht, warum sie so und nicht anders sein muss. Das ist für die Literatur kein ganz neues Material, porös, unselbständig, kreativ, wenn man ein Auge zukneift – ein schlechtes Gebäude, von der Darstellung des Problems seiner Existenz ganz eingenommen. Seine Lösung würde unsere Vision von Industriefähigkeit erfüllen. Augenblicklich rostet das Ganze in Unkenntnis der eigenen Pflege dahin. Seit seiner Erbauung (oder Skizzierung, oder Verdonnerung) ist das Problem-als-Gebäude offensichtlich, doch jeder, der es sieht, vermeidet, daraus Schlüsse zu ziehen. Hier ruft die Marienfelder Schule: Pflegt die Theorie! Pflügt sie! Rügt sie! Sie wird aber nur berühmt gemacht, wie eine Reklame, aufgestellt auf windigen Plätzen, um frische Naive anzulocken, um sie weiterzuspinnen. Die Naiven haben die Kraft, aber beliebt sind sie nicht deshalb, sondern weil sie Angst haben, dass ihre Naivität ausgebeutet wird, diese daher so schnell wie möglich loswerden wollen und aus diesem Grund für alles zu haben sind. Ihnen ruft die Marienfelder Schule zu: Pflegt die Theorie! Haltet

sie durch Anwendung und Kritik geschmeidig. Haltet euch selbst durch Theorie mutig!
Wir haben zwei Drittel des unendlich schlängelnden Traktats, in welchem die Verwicklungen des jungen Manns in einen Milizputsch, eine lange und großartige Rede des Cockers an den Hamburger Hauptbahnhof, eine zweite Version der Theorie der Florida-Rooms, einige nebensächliche Anekdoten sowie Empfang und Zerstörung des Fernsehens zu lesen sind, »verloren«. Das heißt, sie sind noch irgendwo, ungeordnet, bekleckert, in keinem Zustand für dieses Dossier, welches ohnehin zu dick ist. Wir haben sie »ins All geschmissen«, also, sie sind noch im Keller.

Die Ziegelstraße führt auf die Friedrichstraße zu – zwei Welten in keinem Viertel. Eine Tür geht auf; sie wird durch eine gepolstert bucklige Kette am Zufallen gehindert. Daher wage ich, sie zu stoßen. Sie führt in einen Vorraum, mit Aufgangsstufen ausgefüllt und versehen mit Anzeichen einer Portiersloge. Düster ist es und gebäudig. Ich schupfe mich lieber wieder auf die Straße, ins helle Licht. Ideenflucht.

»Beteiligungsgesellschaft« steht an der Tür.

Wäre ich Alice, ich würde mich aus Neugier immer weiter hineinwagen, bis ich mitgerissen würde. Als Cocker – der Pudel des 21. Jahrhunderts – habe ich vor allem gelernt, mich herauszuhalten. Der Impuls, mich hineinzustürzen, in was es auch sei, wird, kaum dass er das Köpfchen reckt, umstellt von ausgebildeten Ein-Euro-Rottweilern, die mir beschwichtigende Phrasen schenken. Sie treiben mich zur Weißglut. Sie haben nie etwas von Erziehung gelernt, nur den Fraß von Pädagogik vorgesetzt bekommen. (Wenn Sie mich nach dem Grund ihrer Bosheit fragen.)

Es sei ohnehin nur das drin, was ich erwarte, sagen mir die Rottweiler. Halbgedanken, vielköpfige Wachhunde, die mich nicht in die Vertiefung lassen. Ihre Gefährlichkeit ist die Masse der Mutmaßung, unendliches Fingerpulen die Einschätzung der Gefahr. So entledigen diese zahnlosen Hunde einen nach und nach der Finger. Man wolle mich nicht dulden und würde mich hinausgeleiten. Und ich müsste die nächste Viertelstunde ein Wechselbad der Empfindungen für den Rausschmeißer durchleiden, der nur seine Pflicht erfüllt, andererseits doch wohl auch einen Sinn für Stil besitzen könnte – zu meinen Gunsten –, und mich mit meinen Vermutungen über die Umwelt herumplagen, ob man mich unsympathisch finde, unmöglich – so dass die prinzipielle

Sympathie nie einen angemessenen Ausdruck finden wird – oder mich bloß nicht beachte, möglicherweise ganz so wie ich beschlossen habe, nicht in die »Beteiligungsgesellschaft« einzudringen.

Gegenüber befindet sich die Pfandleihanstalt für teure Kunst. Ein günstiger Schuldenwind hat das Werk einer amerikanischen Fotografin herbeigeweht, und täglich stellen sich große Menschenschlangen an, es zu besichtigen. Es sind junge Leute, die sich für Fotografie interessieren, und Kulturpensionisten. Biologen, die sich am Wochenende verabreden, um ihr Interesse für Kunst zu stillen. Leute, die im Urlaub aufmerksam sind. Schulklassen. Autodidakten mit Telelinsen, Nachbarinnen- und Eisenbahnexperten und sogar Promihunter. Gewissenhafte Agenten. Gemäßigte Spektakel- und Autogrammjäger, und die, die dankbar sind, dass sie den Namen kennen (Dankbarkeit halb sich selbst, halb dem Schicksal gegenüber, als dessen Vollstrecker ein Institut zu gelten sich meist bewusst ist, wenn es Lehntafeln vor die Tür stellt). Von der Schlange Angelockte sowie Abgestoßene, die sich durch die Schlange nicht von etwas abbringen lassen werden, was sie ohnehin nicht tun wollten; die, die sind, was sie sind, und ihre Freunde, die sind, was sie nicht sind, und deren Freunde, die sein wollen. Die Seelenkranken, die Heilung suchen, und die Seelenkranken, die Bestätigung suchen, die Paniker, die sich die Eintrittskarte auf den Arsch tätowieren, und die Seelenkranken, die etwas vorlegen müssen, was sie gegen das Nichtstun getan haben – kurz, ganz normale Leute, die sich auf den Bildern ganz normale Leute ansehen wollen. Alle mögen sie den intellektuell-ästhetischen Kitzel, die Forderung an ihr Denken, ihr Urteil, ihre Menschlichkeit, wie ihnen alle sämtlichen Aspekte eines Bildes zugemutet werden.*

Ein Gesicht, das von dort kommt, zieht an mir vorbei, unter einem Schirm gegen den netzenden Regen. Geschmeidiger und leichtfüßiger Gang, eine hagere Gestalt, hell gepudert, mit Scharlachlippen und eingecremten Krähenfüßen. Welch Genuss bei jedem Schritt des Lebens! Ein Samstag mit ausgemachtem Sichtgut, gut organisiert, gefällt sich inmitten der Woche. Kontrapunkt ist Konterbande, wenn man Perlmuttpumps besitzt. Jene Frau, gleicht sie auch Pierrot, wedelt sie auch mit ihrem Mann wie mit einem Kartoffelsack, sie ist froh!

Wie schleicht sich hingegen der Spaniel, der sich mit Plänen sorgt, wieselig um die Fassaden, wo diese den Boden berühren. Wie unschuldig schuldig kommt er sich vor, wie übergeliebt ungeliebt, wie ungeformt von innen und ungekämmt von außen, und wie scheppern halbe Pläne in seinem Bauch!

Ich gebe zu, ich war nicht in der Ausstellung. In mir wächst Hochmut um etwas herum, von dem ich gar keine feste Vorstellung habe. Die Details sind überdeutlich. Sie umtanzen einen, wie ich befürchte, idiotischen Kern in mir. Doch weiß ich es nicht, weil ich nicht drin war. Ich sehe nur die Leute, die sich draußen anstellen, die Plakate und das Ziegelgebäude, das mir allzu sehr gleicht und über die Jahre bis in die Fundamente mit meiner Pisse getränkt sein muss. Deswegen glaube ich nicht, dass das, was die vielen Amerikaner und jungdreisten Feuilletonisten ansehen wollen – ja was denn? Angestellt hat man sich schon für vieles, dessen Wirkung

* Wo man auch sei, wird man irgendwie zu erkennen sein.
Fragen wir die Masse, nähert sich die beste Kunst einem Teleskop an,
das das, was man kennt, in seinem Rahmen
so groß, leuchtend und detailreich zeigt,
wie man es sähe, ginge man selbst so nah hin.
Es ist die Zentralperspektive des Verfremdungseffekts.

nicht magisch ist. Es muss kein Hexendoktor sein, damit man getrost Ungewisses erhoffen darf. Doch ich entziehe mich der Lektion in Demut, die die Schlange vor der Ausstellung bedeutet, und behalte vom Pflaster her das Anrecht, die Fremden zu belächeln, weil sie für meine Welt keinen Eintritt bezahlt haben und daher nur schüchterne Seitenblicke auf sie wagen.

Undeutlicher Neid klemmt mir die Haare zwischen die Zehen. Würde Glaube ausgeteilt, ich stünde hinter meinem Nächsten und wartete. Wenn ich verstünde, warum, ich wäre augenblicklich dort. Wenn man mich zwänge, wäre ich auch dort. Doch ich habe keinen Zwang, kaum Verständnis, nur Freiheit, wie die Luft zwischen Himmel und Erde frei ist, und Neid. Diese neidsatte Luft! Wie sie sich überall hineindrängt, um zu wissen, wo sie ist, dann sofort wieder geht, schüchtern tuend. Die Dankbaren unter den Möbeln sprechen bei ihrer Ankunft von Atmosphäre; die Objektiven sprechen von einem Blick, den sie auf alles wirft und mit dem sie sieht. In einem Salon sitzt sie wie der jüngste Dichter und rutscht auf dem Plüsch hin und her. In einer blühenden Landschaft schwappt sie um die Stämme der Bäume, die in Reichweite der Damhirsche kahlgefressen sind, und holt ihr Selbstmitleid aus der Tasche und steckt es wieder hinein und holt es wieder heraus. In einem Eislaufverein beginnt sie zu erzählen, was alle sehen können.

Ich habe Sie nun mit so vielen Worten darüber informiert, wie fuchtelig und unvollständig ich mich aus allem heraushalte, mich dabei halb einmischend und, wenn ich mir so schmeicheln darf, der Luft ähnelnd.

Ein Rapper sagte mir einmal:

»Du glaubst, du schaust aufs Viertel, doch das Viertel ist dumm. Es wühlt, während du schaust, in deinem

Inneren. Das Viertel ist blind, du bist ein innerliches Kind. Geh raus und bau den Applaus aus etwas Schlimmerem.«
Wie monoton! Ich ahne, wie viel sich über den Klang ins Innere, ins Denken schleicht; was alles zur Begrüßung entgegeneilt, nach dem Schlimmsten. O ewig dämlicher Pudel, blinder Mut zur Dressur, nutzloser Eifer der Locke, Kern der Verrottung! Vielzähliger Kern unter Kernen; was für eine nutzlose Gottheit ist es, die es so oft gibt? Die im Glashaus leben, wissen: Wer Sprichwörter bewohnt, hat sich der Sisyphusarbeit verschrieben. Wir vermeiden also die Sprichwörter und schauen. Alle verrichten endliche Arbeit: Das fremde Ende verdeckt das eigene sowie die peinlichen Einrichtungsfragen, die erst schmerzen, wenn die Leute Geld haben. Bis dahin gehen sie und kommen, meiden ihr Eigentum. Das Sprichwort behütet sie, als wären sie Volksgut. Die Touristen bleiben stehen. Sie sind gegangen, bis sie müde wurden. Die Studenten gehen langsamer, als sie gekommen sind. Und die Wurfspießbürger in den Hilfswerkbauten trainieren täglich mit ihren Narzisshunden. Dazwischen schlüpfe ich, in wedelndem Rutenlauf, über die Kopfsteine, von den Sprüngen der Fremdhunde erquickt. Als wäre ich kein Hund. Verniedlichungsarbeit.
Am Rand, wo Gebäude und Straßen Schnauz an Schnauz in der Pisse vegetieren, ist in etwa die Mittellinie meines Flanierens. Mit meiner Nase berühre ich beinahe die beiden Flächen links und rechts der Ecke. Hier ist Regenerde angeschwemmt, reich an Geschichte, Asche, Ruß, Exkrementen, unerklärlich fein zerkleinerten Papierbruchstücken, Plastikstaub und so weiter. An einer Stelle nimmt ein junger Götterbaum ein Gebäude auf seinen Buckel: eine Schnecke, die die Kraft ihres Jahrhundertlebens im Zaum hat und, anstatt

der diogenetischen Peripatie zu frönen, sich ein Versailles zutraut.
Manchmal aber weht hier durch einen Spalt tiefe, feuchtkühle Dunkelheit heraus.
In seinem großen Werk über die Passagen kann sich Walter Benjamin nicht einkriegen darüber, dass in den Passagen die Eingänge gleichzeitig Ausgänge sind. Er will sich gern wundern. Ein anderer Hund als ich würde in Häme ausbrechen und den kindlichen Denker zu einer Strafe verdonnern von der Sorte, eine Stunde lang zur Mittagszeit bei einem Altwarenhändler ein- und auszutreten, dem ein Vertreter ein Lichtschrankenwarnsystem aufgeschwatzt hat. Aber ich weiß, was Schwellen sind, und würde den von mir Verehrten beim Abbüßen seiner Strafe getreulich umschwänzeln. Was er sagt, ist viel einfacher als das glühwillige Paradoxon, das sich die Vorstellung unvorsichtigerweise aufgesetzt hat wie einen weißen Bolero, beschwipst vom imaginierten Beifall der Unverständigen, den man sich, wenn man allein mit seinen alternden Knochen bei trübem Tageslicht in der Bibliothèque Nationale sitzt, doch manchmal ausmalt. Natürlich verlässt man beim Eintritt in jedes Haus die Straße. Die kühlere Luft, die kleinere Atmosphäre, der andere Geräuschstatus und das wie mit Wattebäuschen – von vielen Händen dargereicht – gestoppte Tempo: von allem ist ein großer Teil entschwunden, als befände man sich in einer Schleuse, aus der ein gewisses Quantum Wasser entfernt wird. Auch die Gerüche sind gedämpft. Sommers.
Im Winter ist es fast umgekehrt. Man könnte sich gehenlassen, sobald man im Inneren eines geheizten Raums ist. Alles ist roter Plüsch oder Fleisch eines sich erwärmenden, gasartig aufströmenden Brustkorbs. Die Seele dampft von innen und von außen, sie beschlägt. Die Ausströmung trifft sich bald

wieder, und man ist doch generell etwas vorsichtiger. Wenn das bloß stimmte! Tatsächlich fliegen die Kannen und Samoware nur so durch die Gegend.
Im Sommer geht man ins Haus hinein, wie um seine Leiche für die nächsten Jahrtausende tiefgekühlt zu stellen. Geht man hinaus, beginnt das Leben, für das man gerüstet war und das einen mit Laub und Vögeln überschüttet. Im Winter geht man, das Schwert im Eiszapfen, mit verzögerter Schwäche, der Weg ist getränkt von Übermut, man flaniert in geborgter Zeit. Sommers schubsen einen die Geruchsfahnen von allen Seiten, kaum dass man gerade seinen Weg über den Gehsteig findet!
Als das alles wieder einmal am Beginnen war, entdeckte ich, um mich zu retten, den folgenden Satz:
Die Feststellung ist ein Darben.
Soll heißen, die Existenz, wenn sie sich wie ein Gebäude benimmt, verdirbt, wie die Tatsache illustriert, dass, wo ein Gebäude, keine Luft ist. In der Feststellung ist kein Zug, kein Duft. Vielleicht umgibt sie deswegen so quälend hölzern den Suchenden wie entseelte Stelen in einem Fernsehzimmer. Man weiß, woran man ist, und – ach, sagt man. Wenn man aber …
Und so kritzelte ich verschiedene Versionen der Botschaft an die Fundamente der Gebäude mit meiner, ahem, internen Säure. Die Dinge zu nehmen sich hüten. Sich entschieden zurückhalten. Sich hüten, um die Dinge nehmen zu können.
In diesem Lied ging ich den pissumkräuselten Bürgersteig entlang, und es geschah, wie mir manchmal so wird, dass ich mich einfalte in eine Zeile und dennoch weiter und weiter trotte, ohne aufzuhören. Die Tucholskystraße gerade hinunter. Links und rechts stehen unrenovierte Fakultäten, denen

die Sommerkleider der Streberinnen in den Pausen zwischen Po und bröckelnder Fassade eine Spur abreiben. Von der Brücke leiten zwei Stiegen den Menschen rechts und links treppab auf kleine Vorsprünge von Parks, Parkbankstandflächen. Den Raum um die Bänke hat man mit Aluminiumtrellissen aufgefüllt, die, sieht man vom anderen Ufer herüber, die steilen Umrisse der Backsteinhäuschen hinter ihnen nachzeichnen. Unter diesem Pas de deux nüchterner Luftbeschäftigung mampfen sparsame Rucksacktouristen zu allen Tageszeiten, Sekretäre und Liebende mittags und abends, was sie dabeihaben. Das zieht hinter mich, ich wie eine Linie über die Brücke, mit einem Blick nach rechts, um zu sehen, ob das ganze Friedrichstraßengeklingel noch wie ein Feuerwehrauto über der Spree schwebt, nach links, um Schönes zu sehen, und dann weiter, die Museumsinsel im Vergessen, wie die Nadel die Perle durchschießt. Unter den Linden durchquere ich wie einen Spielzeugschneesturm, trotte an der »Teetasse« vorüber, schräg über den Gendarmenmarkt, die Laternen so viel achtend wie ein pensionierter Slalomskirennfahrer die Peitsche, die Treppe jedoch, die über einem Unfall glorios proportionierte Freitreppe des Konzerthauses, freundlich grüßend, an rülpsenden U-Bahn-Schächten vorbei, an den Restaurants, deren Bedienung die Tischtücher in der Morgensonne ausbreitet und festklemmt, und ich fühle mich wie die Schwalbe, die dem Tsunami vorausfliegt, doch niemand blickt auf, keiner wittert so etwas wie eine Warnung in meiner Indifferenz.

Die Straßen gehe ich wie trockene Flussbetten entlang, und sie speien mich aus auf die Leipziger Straße, auf einige lockere Bodenplatten: halb kalter Hund, halb Asphalt. Hier ist der Strom!

Eine Weile stehe ich im Schatten der Ampel. Berberitzen-

gebüsch schützt mich vor Blicken und dem Wind. Ich sehe Damen auf die Waden und versuche, den Blick von den haarigen Rinnsalen, die aus den Shorts der Männer kollern, abzuwenden. Dies beschäftigt mein Hirn, solange ich an nichts anderes denke.
An was denn auch? Der Vormittag hat sich in meinem Spaziergang ausgehaucht, lange bevor seine Zeit vorüber war; ich sitze im luftleeren Sonnenschein wie hinter dem Fahrtwindschutzaufsatz eines LKWs, und alles rauscht an mir vorüber. Hier ist der Strom.
Hätte ich noch Liquid in mir, ich pisste an einer beliebigen Stelle der taumelnd losen Asphaltkacheln, quer über jene Betonfliesen mit den eingelassenen Argusaugen, Flußkieseln wie Polizeieinsatz, wenn die Gruppen demonstrieren, aus diversen Bundesländern angeheuert – quer über diese ganzen Sandwichblicke pisste ich, wie der Hahn kräht, in patzigen Schlaufen: »Hier, sehen Sie doch, der Strom.«
Den Bewohnern des Ostens sagt man nach, den Strom zu nehmen, wenn er fließt. Man sagt ihnen auch nach, wenn es keinen Strom gibt, keinen zu nehmen. Ich verstehe sie gut. Die Schwierigkeit besteht darin, zu erkennen, ob es Strom gibt. Man muss es probieren. Entweder hält man seine Lampe in den Strom, um zu sehen, ob er fließt, oder man will Licht machen. Die Tat und ihr Grund sind nicht verheiratet. Wenn Strom fließt, trifft es sich gut, dass man Licht will. Fließt keiner, weiß man, was man wissen wollte. Nicht aber wird man andauernd nachsehen, ob Strom da ist, um der Stromerzeugung ihre Statistik vorzulegen.
Ich halte die Nase in den Wind.
Die Ampel wird für die Fußgänger grün. Ich sehe einen Terrier schlanke Beine nach vorne zerren. Zwei voneinander unabhängige Alte zweierlei Geschlechts mit Stöcken und ein

fetter Bettler mit Krücken, der sich unbeobachtet wähnt, überqueren die Straße. Sie entfernen sich nach und nach wie ein Film, den man gesehen hat.
Auf einmal stürze ich los. Gekreische unter den Automobilen, die soeben am Losfahren waren und nun zu den Bremsen schreiten. Ein lockiger Streif durchweht die Kreuzung und fängt auf der anderen Seite freudig zu bellen an und fällt nicht aus dem lockeren Galopp heraus. Der Terrier sieht sich um. Ach, Jugendstreiche, die einstige große Aufgabe, die Straße zu überqueren wie eine dünne Krawatte. Nach und nach ging es zur Schlaufe, sie wurde enger. Ich beginne zu husten und falle wieder in den alten Trott.
Die hellen, ziellos geradlinigen Straßen ziehen mich nieder. Eine Parkierzunge im Schatten des Springergebäudes leckt mir anzüglich die Füße. Bildende Kunst kullert mir um den Mund. Ich bin Godzilla, der Spaniel, mit den Haaren von Botticellis Venus. Auf riesigen Tatzen schreite ich in südliche Richtung, das Gewirr wird durchsichtig, wie ich es durchmesse. Ich halte ein Ohr an die Muschel, aus der ich komme, ohne dabei den Schritt zu verlangsamen. Dort höre ich leises Schluchzen. Ich werfe die Muschel hinter mich.
Ich werfe die Mauer hinter mich und höre, wie Kulturgeier in meinem Rücken sie überfallen. Ich gehe weiter. Ich bin der Spaniel Honecker, der im Haftkrankenhaus liegt und nur mehr mit Wänden zu tun hat, gegen die er einen Brief schreibt; eine Wand heißt »hont«, eine »neger«, eine, wo das Bett steht, »gern«, die letzte »enough«. Worte? Debilität! Er ist umzingelt. Verfluchter Unsinn, verfluchte Buchstaben! Die Sätze haben sich aufgelöst, aufgelöst wurde der Grund, auf dem sie standen, aufgelöst die Partei, die Pointen arbeitslos. Hier bleibt ein Privatmann, eingesackt, verurteilt, um-

zingelt von zusammenhanglosen Buchstaben, und draußen laufen alle Schlittschuh.

Ich schüttle mich, schüttle die alte Geschichte ab. Man muss Acht geben, nicht in einer Schleife hängenzubleiben, wenn man wie ich andauernd herumschweift. Ich könnte mich auch darauf beschränken, zu sagen: Ich muss auf mich Acht geben. Ich wüsste nicht, obs nicht ein Zuchtfehler ist. Ein intimer Makel meiner Bauart, der nur mich selbst anginge und mit meinem Tod erledigt wäre. Doch zeigt jede Straßenecke, wie aus dem ziellosen Umherirren eine gedankliche Verwahrlosung ebenso natürlich erblüht wie eine Fußfäule in ruhelos durchmassierten Schuhen. Ich muss meine Gedanken wie den Körper zäumen und erschrecken, damit nicht alles nach und nach vage erschlafft, erkenntnislos ausgeliefert dem graduellen Werden dessen, was überbleibt. Ich will nicht, metaphorisch gesprochen, im Exil an Darmkrebs sterben. Also mache ich nicht, was man, wie ich mir einbilde, von mir verlangt – aus reiner Angst! Nichts zu tun ist auch nicht möglich. Also setze ich, mutterseelenallein, einen Fuß vor den anderen und bewege mich durch eine Stadt, ohne etwas anderes zu erzeugen als den Gang.

Auf dem Moritzplatz werde ich im Kreisverkehr drei oder vier Mal überfahren. Ich scheine aus Gummi zu sein, wiederaufzuerstehen oder sonst etwas. Ich wundere mich sehr und lege keineswegs meine Furcht ab, mein Wille könnte nicht genügen, um mich am Leben zu erhalten. Im Gegenteil, die Flucht macht mich hungrig, und ich trotte die brüllweiße Heinestraße hinauf, um im Lidl in der Ecke hinter dem Flaschenautomaten Wurstenden zu fressen.

Meine Vorfahren, denke ich, den Kopf im Korb, bekamen diese Delikatesse, wenn sie sie bekamen, nur mit Bedienung. Die Wurstenden wurden benamst, eingepackt, angepriesen, ausgepackt und endlich, endlich meinen Vorfahren zum schockierenden Schlingen vorgelegt. Heute kann sie sich jeder holen, der den Mumm hat, ob er sie braucht oder nicht, ob man sie ihm schenkt oder nicht. Ich hungere nicht, und niemand gibt mir etwas. Alles, was ich brauchen könnte, liegt irgendwo herum. Ich spreche mit niemandem, kenne keine anderen Hunde …

Unsinn! Geistige Verwahrlosung stinkt dir aus dem Maul, Cocker! Cocker, reiß dich zusammen, denk an deine Freunde. Nur heute bist du, aus Vorliebe, alleine. Man teilt nicht deine Lust am Flanieren. Doch die »Marienfelder Schule« erwartet dich vor Sonnenuntergang auf der Trabrennbahn.

Vom Essen dürstet mich, also nehme ich den Weg durch die Oranienstraße – einigen Patschhänden mit schweren Ringen ausweichend (die Hawaii-Amerikaner lieben meine Rasse), aus Jux an Rocksäumen schnüffelnd, Radfahrer verunsichernd (ihre Beine schießen plötzlich seitlich hervor wie aus einem hochkant gehaltenen Blatt Papier! Wie ich das mag!), in den ausgestellten Aluminiumkochtopfstapeln mit der Schnauze wühlend und die Filzmäntel der Hippies auf den Verkaufsständern markierend – zum Internetcafé, wo man mit mir gut Freund ist und ich eine Schüssel Wasser bekomme. Ich beruhige mich dann, den Bauch voll Wasser, liege neben dem Pult wie der letzte Haushund.

Träge folgen meine Augen den trägen Bewegungen, die hier vorkommen.

Neben der ersten Koje wird ein großer Kinderwagen vor und zurück geschoben. Viel tut sich nicht. Ein Positionswechsel braungebrannter Beine in Flipflops – wie die Badeschlapfen daneben mit einer winzigen Verschiebung reagieren. Kojenwirtschaft, jeder muss gegen den Nächsten unablässig die

Stellung halten. Keine Bewegung bleibt ungesühnt. Wenn der Kalte Krieg nicht gestorben wäre, ich vermutete ihn hierhin in die Vereinzelung zerstäubt. Schlaffe, leicht verschwitzte Hände, auf Mäusen ruhend. Hin und wieder ein Klicken. Die Webseiten ziehen vorüber wie Maisfelder vor einem Zugfenster, darauf Kiebitze stochern.
Mein Blick, der auf der Hand lag, folgt dem Arm hinauf zur Achsel, sieht auf dem Weg die Muskeln, schätzt den Sitz des T-Shirts, das sich über Fett- oder Steroidtitten wölbt, verfängt sich, nachdem er übers Gesicht gerutscht ist, im stacheligen Haar, um sich, gebremst, den Zügen zu widmen. Ein entspanntes, warmes Gesicht, Stupsnase, volle Lippen, die Augen spiegeln Mutterliebe, Angst und Prinzipien. Jener Körper versetzt mich in Stummheit. Erstaunen. Was gibt es da zu erstaunen? Was gibt es nicht zu erstaunen? Das nichtssagende Spiel der Muskeln an der Maus. Die Neigung junger Männer zu Müßiggang.* Man könnte vor Bewunderung einen Kopfstand machen! Die brache Kraft. Die Glätte des ungereizten Hirns. Man könnte vor Bewunderung hinschmelzen. Man könnte Lust bekommen, die Glätte zu durchbrechen, Mordlust, mit den Zähnen hineinzuplatzen, ohne Zweck, ohne Lust, bloß um das andere zu bringen, Rhythmus zu treten, der Schönheit eine Sehnsuchtsbotschaft

* Wieder fehlt das Verb. Wie kommt das? Fliehen die Männer das Verb? Werden sie verschluckt von seiner bloßen Anschauung? Die Tätigkeit ist nach dieser Theorie ein Trichter. Man kann seine Manneskraft dann für sich behalten, wenn man den Trichter meidet, und daher muss die Manneskraft in sinnlosen Übungen verwendet werden, um nicht zu verkümmern und auch nicht zu Nutz und Frommen verpulvert zu werden. Die Manneskraft, wie jede Kraft nur kräftig in der Stauung, gibt sich dem Geiz hin, der gekrümmten Hand, der Unnötigkeit, dem U, oder, so sich die Umgebung glückend entgegenbauscht, dem m oder Doppel-n des Hinterns, den zur Kurve gebotenen Lippen, nur um das gefährliche Verb mit dem offenen, aber engen Ende zu umgehen.

zu schreiben mit dem Angstkot des Feinen, den Namen des weltweit einzigen Liebhabers des Schönen, mit all diesem Dung auf eine schneebezuckerte Brache zu krakeln für den Fall, dass sie, die Schönheit, als Himmel vielleicht, als alle Wolken darüber hinwegschwebt und lesen kann, dass sie gemocht wird und ich etwas für sie TUE!

Der Cocker beißt zu. Er weiß nicht, wie ihm ist. Sein Rausch vernichtet Zeit und Ort, und als er wieder zu sich kommt, ist nicht mehr auszumachen, welchem Internetcafé er entsprungen ist. Die IP-Adressen sagen seinem abklingenden Rausch nichts. Er saust also in ein beliebiges Internetcafé zurück. All dies geschieht unbemerkt.

Ich finde mich an der Decke wieder. Eine junge Frau unter mir zeigt mit dem Finger auf mich, und mit einer krallenhaften Stimme erklärt sie dem Budensohn an der Kasse, was für eine riesige, haarige Spinne an der Decke sei. Sie besitzt einen gefüllten Kinderwagen, den sie während ihrer Aufregung unbeirrt hin und her schiebt, hin und her. Gibt es denn an diesen Nichtorten nichts anderes als dämliche Fortsetzung des Fleisches?

»Gestatten, bei der Spinne handelt es sich um einen letzten Rest des Kommunismus«, mache ich mich bekannt und räuspere mich, so dass ich hinunterfalle und einem ungepflegten Fettdunst mit meinem Körper die leeren Papiere vom Schoß fegt. Ich schüttle mich, und man fegt mich kollektiv hinaus.

Auf der Straße blinzle ich lange, so weiß ist das Licht, so still alles.

Nun ist es mit Texten nicht sehr viel anders als auf der Straße (und welche Verwirrung erst, wenn man draußen auf der

Straße schreiben soll), die Entscheidungen, ihre Ereignisse, andere Ereignisse, sie häufen sich, und auf einmal blickt man auf, weil man einen Hauch davon gewittert hat, was einen gleich umzingeln wird, Springmesser aufgeklappt: die Bredouille. Fort sind literarische, ästhetische und sonstige Überlegungen, die einen wie Tomatensamen ohne besonderen Grund ins Bewusstsein lullten, darin eine Art Schlangenlinie zu beschreiben. Das Auge einer Ziege umschreibt die Handlungsmöglichkeiten. Alle Nachlässigkeiten sind unbemerkt zu bedrohlichen Dreiviertelhosenbeinen geworden, alle unerklärliche Sorgfalt zu etwas, das einem genommen und veräppelt werden kann. Und wie ein Dachs, von einem Golden Retriever verfolgt, besinnt der Hund von Welt sich auf das Beste, was er je bekommen hat: seine Beine.
Ich bin jetzt woanders als zuletzt angelangt, durch einen Trick, der meine Selbstkenntnis übersteigt. Ausgestattet fühle ich mich lediglich mit dem, wie mir dort zumute war. Und damit soll ich nun hier durchkommen?
Aber Cocker. Den Umgang mit einer Straße beherrschst du. Du gehst sie hinunter. Kommst du an eine Ecke, blickst du in alle Richtungen, um hernach eine einzuschlagen.
Man sieht dem Cocker Sorgen nicht an. Höchstens aus kurzen Verzögerungen in der Reaktion kann erraten werden, dass ihn etwas beschäftigt. Er kann dennoch, ohne aufzufallen, die Straße entlangschwänzeln. Die wedelnde und keifende Menschheit erkennt im Vorbeigehen den Geruch der Panik nicht durch das Fell, wo ihr eigener Schweiß schon den Nächsten in die Flucht schlüge. Mir hilft niemand, mich hindert niemand, während sich in meinem Kopf die Turbinen drehen.
An der Kreuzung ist die Straße offen. Die Schienen scheinen in ihrer Schwere zu schweben, wie das Muster eines Tisch-

tuchs einem Menschen vorkommen mag, der zu Mittag flüssiges Blei getrunken hat. Abgestiegene Radfahrer fotografieren das, Arbeiter in Warnwesten machen sich daran zu schaffen. Mich erschreckt es, als wäre in meiner Pfote ein Abgrund. Ich will nicht, wie vorgesehen ist, seitlich ausweichen, so tun, als ob ich es nicht bemerkte, schiefe Blicke darauf werfen, wie ein Betontransporter der Firma Wopfinger durch einen krangetragenen Schlauch den Beton an einer ganz anderen Stelle hervorsprudeln lässt, dick und flüssig. Wenn ich aber, um den Baustellengraben zu überqueren, hindurchsprünge? Würde man mich nicht fangen und fragen? Mein Wimmern, würden sie es nicht in Gitter versetzen? Der Mut, den ich zum Reisebündel verschnürt habe, verlässt mich, als ob eine fremde Hand ihn mir sanft abnähme.

Es *ist* eine fremde Hand! Als ich sie schleckte, bemerkte ich es. Ein Schauder durchfährt mich. Wer bin ich?

Die Reflexion ist verlässlich. Käme Alfred Kubin an diesen Schienen vorbei, würde er glauben zu träumen, so vertraut mutet der Anblick an. Vertraut und doch interessant. Was befindet sich nicht alles unter der Straße? Strom-, Telefon- und Fernsehkabel, Abfluss-, Gas- und Wasserrohre. Erzählte mir nicht vor Jahren ein Kanalisationsdackel, was für heilloses Durcheinander dort herrscht? Weil ja jede Leitung von einer anderen Gesellschaft verlegt wird, züngelt im lichtlosen Boden ein sechsstrangiger Medusenzopf mit fluchwürdigen Hirnwindungen herum. Wie fortgeschritten furchterregend das ist. Nennen Sie mir einen Hund, der solche Zeichnungen gemacht hätte.

Es ist eine fremde Hand!

Was ist denn, du Hand?

Ich schinde Zeit, meinst du? Ich fragte dich doch eben, was ist?

Du hast Kummer. Ja meinetwegen, aber ich, ich weiß nicht einmal, wo ich bin. Denkst du wohl daran, du Cockerstreichler, ohne gleich an Polizei zu denken?

»Na du?«

Ah, euch, euch bin ich Verzögerungstaktik. Sei es, nehmt dieses Winseln, zur Erinnerung, dass es andere Kreaturen schwerer haben. Aber freilich, wir gehen auseinander als die besten Freunde. Die Mittagssonne brennt, und ich muss bei Einbruch der Dunkelheit an der Rennbahn sein.

Es ist aber nicht Berlin hier.

Die Frage, ob ich mich denn um Marienfelde bemühen soll oder nicht, macht mir mehr zu schaffen als jede andere Ungewissheit. Man sagt doch Hunden Treue nach. Muss ein Cocker sich nun um Treue bemühen? Ist von Natur aus alles, was er tut, mit diesem Geist gesegnet, oder ist Treue immer gerade das Gegenteil dessen, was man so vor sich hin macht? Oder ein eigener Weg, für den ich ganz anders beschaffen sein müsste, um ihn überhaupt deutlich zu sehen, ein Weg, der mir jetzt als widerstreitende Fragmente erscheint, des Streites nicht wert? Ich fühle zu meiner neuen Situation eine große, warme Treue in mir aufsteigen. Mit Sentimentalität betrachte ich die silbrig geschliffenen Oberseiten der Gleise. Die fiebrig geschliffenen Oberseiten der Greise. Die greisen Schliffe der Obergescheiten. – Ah, ah, ich ahne, in welcher Stadt ich mich befinde! Wien. Woher ich das weiß? Ein Wiehern ist in meinem Inneren, ein vertrauter Platz, wo ich nicht war. Windgefegte Quadratmeter. Ein Gehsteig, dessen Teile man an einer Pfote aufzählen kann, Bastionsreste, mit denen kein Kleinkind sich zudecken kann. Woher kenne ich dies alles? Und ist das wohl erstaunlicher oder die Tatsache, dass ich mich plötzlich hier befinde? Überlegt euch, wo ihr die Frage platziert. Ein paar Zugstunden hab ich unterschlagen, seid nicht so kleinlich, ich verschlinge auch eine Wurst in null Sekunden.

Ich hefte mich an einen Haufen schöner Fersen in Sandalen, die diese der kindlichen Missachtung des Sommers ausliefern. Vier Fersen, trapp-trapp, trapp-trapp. Mein Geist will es den langen Beinen gleichtun, sich über die trimme Monotonie herrisch erheben, und geht daran, zirkusmeisterliche Phantasien in die Höhe zu spinnen.

Es genügten drei Hunde, meine ich, die heulen und heulen können, an drei Punkten auf den Globus gesetzt, diesen zu umspuren. Ein rundes Dreieck bildeten sie, ein Dreieck nur in körperlosem Aberglauben, denn es ist nicht statthaft, Linien durch die Masse des Erdballs zu ziehen. Zwei oder drei junge, kräftige Hunde. Sind mehr nötig? Drei oder vier? Fünf? Wenn sie sehr laut heulen?

»Ein Cockerspaniel!«

»Wie niedlich!«

Bin ich in eine Fernsehserie gehext worden? Sie lassen ab.

Da die Erde, wie ich weiß, sehr groß ist, sind vielleicht fünf oder sechs Hunde die richtige Zahl. Neufundländer oder – sind dicke Hunde nicht stumm? – Doggen, gute Heuler mit geölten Kehlen, als Relaisstationen an verschiedene Punkte gesetzt, welche sich so anordnen, dass keiner der Hunde im Wasser sitzen muss, und dann –

– Lichtschranke –

aber wer gibt denn das Kommando? Welcher der sechs oder sieben Hunde fängt an? Wer hebt als Erster, von urinstinktiver Einsamkeit getrieben, die Eingeweide zum Mond, bis die Lefzen zu zittern beginnen, der ganze Leib in Schwingungen eines sich langsam herausbildenden Tons erbebt?

Ich bin in einer Kaufhalle, und es erschallt Riesengelächter. Ach, diese Mädchen! Eine Sonnenbrille verdeckt meine

Ohren, meine Vorderpfoten stecken in spitzen Lacksportschuhen. Meine Brust wurde mit einer Krawatte dekoriert. Wahllos sind sie, diese Mädchen. Mein Rücken wird umsalbt von weichem Baumwollstrick. Ich schmule hoch: Von Fuß bis Kopf sind die Mädchen auch so gekleidet. Merkwürdige Ideen sind hier in der neuesten Mode versammelt. Sie sehen, es macht schon das Beschreiben nicht so recht Spaß, demgemäß ist auch das Kichern der Mädchen künstlich. Immerhin, sie sehen etwas, das ich nicht sehe. Die eine hält den Kopf schief und betrachtet mich fast ernst, ihre großen braunen Augen zögern zwischen furchterregender Vertiefung und meinen Augen, wie ich auch flackere, wenn man mich länger ansieht –

Gelächter.

Ich schüttle das peinliche Gewand ab, als erwachte ich, belle laut, niese, und als ich mich beruhige, sehe ich, dass die Mädchen sich vor Lachen fast in die Hose machen. Ich sitze auf den Hinterläufen und fühle mich wohl. Lachen der anderen ist für den streunenden, hungernden Cocker in etwa, was ein Handyhalter für ein besitzloses, verlorenes, gestohlenes, auf den Asphalt geschleudertes und wieder zusammengesetztes Handy. Ja, so ein Lachen ersetzt Schampoo. Da breitet sich meine Seele ein wenig aus, mitten im Kleidergeschäft, und tatsächlich tätschelt und hegt man mich ein bisschen, ruft mich, mit hinauszukommen. Ich umspringe die braunen Beine, getätschelt von lieben Händen. Den Kopf an die Knie der Mädchen geschmiegt, von ihren Einkaufstüten getroffen, besteige ich den Autobus.

Ich bin wohl über dem Motor eingeschlafen. Die Mädchen haben sich davongeschlichen. Die Endstation ist erreicht, das fehlende Surren hat mich geweckt. Eine Edelstahlrutsche aus dem Schlachthof. In den Schlachthof hinein. Ich habe keine guten Träume – das heißt, ihr Inhalt könnte eigentlich auch gut erscheinen, wenn ich nicht immer dabei wäre, wissend, dass er in Wirklichkeit horrend ist. Ich springe auf, die Kruste des Schlafsands durchbrechend, und in diesem Augenblick schließen die pneumatischen Türen.

Der Fahrer steht vor seinem Bus und raucht eine Zigarette. Mir aber droht hier der Erstickungstod! Hunde soll man nicht in heißen Fahrzeugen einsperren und vergessen. Wird das mein Untergang, in einem höllischen Niederflurbus?

Ich belle.

Ich verstumme. Der Fahrer steht breitbeinig im Bus.

»Woitens di loswerden?«

Ich blicke grimm.

Es sind dies die schlimmsten Momente, wenn mein Denken den Daumen hochgehalten hat, auf dass ihm ein freundlicher Chauffeur aus einer misslichen Lage heraushelfe, und ich werde stattdessen von einem übel riechenden Bagger der Zivilisation mit schlechten Zähnen und fester Zunge überfahren. So ist erklärlich, dass mir einen Augenblick der Atem fortbleibt, als ich am Schlafittchen hochgerissen werde. Verzweiflung lockt, mich gehenzulassen, schlaff zu bleiben, weich und melancholisch mich in mein Schicksal zu fügen, das sich mir so hingabevoll nähert, indem es mir diese reiche Ungerechtigkeit zugedacht hat.

Baumelnd, auf dem Weg in die Polizeistation, komme ich wieder zur Vernunft, die immer so anstrengend ist. Ich kläffe und winde mich aus Leibeskraft. Können sie nicht streunende Köter in Ruhe ziehen lassen? Wer hat die kranke Doktrin in die Welt gesetzt, wir wären ohne Herrchen nichts? Und wenn wir nichts sind, kann man uns nicht einfach ignorieren wie in vernünftigen Ländern? Endlich bin ich los, und was habe ich nicht für phantastisch flinke Beine!

Man soll die Spuren verwischen, indem man seinen Fluchtweg durch Wasser führt. Großes Entengeschnatter. Aufgrund der atomaren Verseuchung rund um Bahnhöfe in asbestvermittelten Städten kommt es am Betonrand von Teichen zu glitschiger Algenbildung. Einen Cocker unter Wasser erkennt man allerhöchstens an den Luftbläschen, die von ihm aufsteigen.

Etwas rollt von hinten auf mich zu, schwebt, rollt nicht mehr, obwohl es Räder hat und jemand mit den Beinen strampelt. Das Gemenge kippt auf mich. Großmutter schwimmt nach ihrer Seele. Ich habe mich mit dem Schweif in den Armlehnen verfangen. Eine große Not, genau genommen. Noch nie konnte ich meinen eigenen Schweif erwischen, und habe lange trainiert. Jetzt, wo er festgehalten wird als Teil der jungen Liebe zu meinem eigenen Leib im Rahmen der versinkenden Titanic, scheint aber alles möglich. Und ich bin frei, mit ein paar Haaren zwischen den Zähnen.

Indessen vermute ich, leider von der Tiefenkrankheit erfasst worden zu sein. Mir schwindelt, mir ist übel. Mein Schwanz, empfindsamste der Extremitäten, ist nun taub. Ich sehe den Horizont als Fläche, Symptom, meine ich, eines nahenden Todes.

Und tatsächlich: Ich durchstoße diese Fläche und blinzle in gleißendem Licht. Die Luft ist voller Enten. In einiger Entfernung macht ein kleiner Elefant einen Kopfstand. Linker Hand sehe ich Rudolf Steiner, umringt von Wolken aus Papier. Vor mir türmen sich Wolken aus Backstein.

Zu Zäunen.

Ich hasse Zäune so, wie manche Zeitgenossen eine besondere Begabung haben gegen das andere Geschlecht. Zäune stürzen mich in wilde Dilemmata, welche mein ganzes Wesen im Kreis peitschen, bis ich einen Ausgang finde. Vor mir macht

sich etwas groß, was fadenscheinig ist, aus einem feinen Netz zäher Drähte besteht. Anbaggern, untergraben oder ausweichen? Letzteres könnte, konsequent durchgeführt, mein Leben zerstören. Wenn ich immer ausweiche, komme ich jemals dahin, wo man etwas will? Ersteres kann mich aber noch viel schneller vernichten. Und das Mittlere schadet, wie ich doch einsehe, der Umgebung.
Nachdem ich mich viele Jahre mit der Frage geplagt hatte, beschloss ich, fortan schweren Herzens zu untergraben. Meine Hindernisse sollten an meiner Stelle leiden. Seither bin ich ein moralischer Krüppel, der sich angesichts jeden Zauns fragt, ob es denn wirklich angeht; ob ich deswegen nicht ein grober, unmöglicher Hund sei. Stellte mir freilich ein Passant die Frage, bekäme er einen Haufen Erdbrocken ins Gesicht geschleudert. So bleibe ich mit meinem Herzen alleine.
Nun bin ich auf der anderen Seite. Doch sieht mir das nach einer Odyssee der freudlosen Sorte aus: Ich bin im Begriff, den kürzesten Weg über den Parkplatz zum selben Zaun von innen zu nehmen. Welch unnötige Evolution der Zäune! Ich lobe mir gestandene Kommunalwesen, denen man nur einmal im Leben begegnet, etwa unendliche Viehzäune oder die Chinesische Mauer. Meine Pfoten sind ja ermüdet, die Krallen schmerzen, gelockert in ihren Sehnenscheiden, die Schnauze ist wund, und ich niese vor Dreck. Mag nicht mehr graben. Aufstieg! Telefonbücher! Höher muss man sein, nicht stärker – wer zu klein ist, ist überall am falschen Ort.
Giftiges kleines Telekom-Logo. Es tanzt mir noch vor den Augen, als der Zaun so weit hinter mir ist wie das Publikum von einem sterbenden Schwan. Doch meine Flucht gleicht erbärmlich dem Sonntagsausflug eines Mistkäfers. Hoch über allem, was es mir gelang zu durchmessen, schwebt immer noch in gleicher Größe etwas, was Baba Jaga auf die

Skipiste tragen würde, übersät mit Satellitenschüsseln und doch so solide, eine freundliche Weitläufigkeit zu gewähren, wie man sie bei hohen Wahrzeichen selten antrifft. Aus den weißen Kreisen pellt sich ein Geräusch mit der knackigen Frische eines weißen Röckchens und dem Dunst seines verschwitzten Inhalts. Links voraus spielt man Tennis!
Sagte ich, das Lachen sei dem Streuner ein Handyhalter? Tennis ist ein frisch gepresster Leinenanzug für die geschundene Seele! Wie könnte ich fernbleiben, wo ich leicht durch den Betonzaun passe – den ich zutiefst gutheiße –, die schmalen Zedern duften, der Rasen wartet, voll des Lobes, der rote Sandplatz, Arm in Arm mit den Spielern, mein Auge grüßt wie ein befreundetes, in sich verliebtes Paar. Und nun jagt man mich mit dem Gartenschlauch. Warum? Sieht man mir mittlerweile auf Anhieb an, dass ich nicht der Balljunge eines Diplomaten bin? Ich hopse ja schon, auf meinen armen Pfoten. Man treibt mich in hohem Tempo in die Ecke. Bin ich ein Skispringer? Wenn es sein muss, spring ich, ja und durch Absperrbänder, durchaus. Hui, wie stieben die Kinder in den Badeanzügen davon. Ich schüttle mich und erlaube mir, einen Schluck aus dem Pool zu nehmen.
Die Schnauze bildet den halben Teil des Cockers.
Einer wie ich macht keine halben Sachen, schon gar nicht beim Trinken, das man ja mit dem ganzen Körper betreiben soll.
Wo ein Wasser ist, ist auch ein Cocker – ich meine, ein Ausgang! Denn ob eine fettleibige Frau mit fünf kleinen Stinkern Gutes will oder Böses, macht nicht viel Unterschied. Der Laie kann es gar nicht unterscheiden. Weder vorher noch, so er davonkommt, im Nachhinein.
Wie der Schotter mir zusetzt. Anti-Cocker-Schotter ist das. Man mag mich nicht, wo ich am liebsten umhergehe, in der

Hochzivilisation der Gärten. Freilich ist das hier weit davon entfernt, sich mir als Aufenthalt anzubieten. Dünne Spaliere, Anschauungsmaterial für das, was man nicht anschauen mag. Die Gegend würde einem verletzten Hund den Kopftrichter versüßen, wie bei Windhund Kant, dem so ein milchiger Trichter zur Klarheit verhalf. Bis zu seinem Lebensende behielt er ihn auf: Er fürchtete, in die alte Denk- oder vielmehr Empfindungsart zurückzufallen, wenn er ihn abnähme.*
Ich sehe mehr, als mir lieb ist, und doch zu wenig. Nach allen Richtungen sehe ich Unmöglichkeiten, kleine, genügsame Hässlichkeiten, die die Sicht auf irgendetwas Größeres verstellen. Eine tolle, tote Gasse jagt die nächste; ich, ganz verloren, sitze nur mehr an einer Kreuzung und bibbere vor Jammer. Mein guter Mut und auch die jüngste Wasserfrische haben mich verlassen; eine Pfote nach der anderen auf den fort und fort spitzigen Schotter zu legen kostet mich mehr Kraft, als ich habe. Hoch verschuldet erreiche ich eine kleine Tür, nehme einen Kredit auf, um die Klinke – ach, ihr gerundeten sechziger Jahre! – zu erreichen –
Schlafittchen!
Wenn das bloß kein Tierschützer ist! Mein restliches Leben in einem Zwinger mit feindseligen Hätschelhunden verbringen in Erwartung eines Erlösers, von dem ich den Wärtern gleich sagen könnte, dass es ihn nicht gibt, wenn ich nur zu Wort käme. Das ist realistisch – mach die Augen auf, Cocker! Schütteln! Cocker, warum schüttelst du die Hand am Nacken nicht sofort ab und mit ihr die üble, haarig-kitzlige

* Schon wieder der Trichter, diesmal in einer Umgebung der Ordentlichkeit. Ist der zur Tatenscheu der Manneskraft komplementäre Fehler (Eifer) die Tantenhaft? Reflexion, die viel herumtut, aber aus ihrem Trichter nicht hinauskommt, sondern ihn immer nur verlängert?

Vorstellung, man könnte dich lieb haben! Cocker, bist du Herr über deinen Nacken, oder ist es diese Hand, die du nicht wolltest, die dich nicht besitzt?
Es genügt der Gedanke. Die Tat peitscht sich von der Vergangenheit frei, und wie eine Kaulquappe ohne Haut entschlüpfe ich und hechte die Gasse hinauf. Verschuldung ist keine natürliche Größe. Juchhe! Den Pensionisten behindern seine groben Plastikschuhe, er fällt weit zurück, und ich bin um vier Ecken und weiß noch immer nicht, wo ich mich befinde. Suche die nächste stille, tierindifferente Tür.
Oder das nächste heulende Wesen. Mein Trott hat mich, meine Flucht dezimiert mich, auch wenn mein Herz noch schlägt. Ich schnuppere mäßig an den Margeriten, diesen an den Zaun geknöpften Hebedirnen, obwohl sie nicht riechen, nur wie ein Helipad getränkt sind mit den schlechten Säften eines halben Jahrs, die über sie ausgegossen wurden. Mit beweglichem Nicken reagieren sie auf meine Nase. Moment: Hier ist eine Unregelmäßigkeit in den Zaunmaschen, die mir gefällt!
Es herrscht die innigste Verschwörung zwischen den Zufällen und ihren Spielbällen, die sich nicht kennen. Ehrfürchtig gedenke ich der unbekannten Vorgängerin, der es gelang, sich unter dem Zaun hindurchzuwinden. Die Verfolgung steigert sich nämlich. Mehrere Thujenfluchten verschmähte ich vorhin schon, weil ihre Enden von hellen Thromboseklumpen verstopft waren. Das Nicken der Margeriten wird nach und nach etwas hämisch. »Schämt euch!«, rufe ich ihnen, mich windend, zu. Da bin ich auf der anderen Seite.
Der Asphalt, der Asphalt, der Asphalt. Geschnatter ist das, dass sich einem die Krallen aufstellen. Der eine regt sich über den Asphalt auf, der andere nimmt ihn als kleidsamen Mantel um die Schultern, der dritte liebt ihn, wenn er nur, ohne zu

stocken, summt. Ich lobe den Grasstreifen. Den überspringt ihr mit spitzen Schuhen oder pflügt ihn um zu kargen gärtnerischen Karikaturen, vor Hartnäckigkeit blind. Eine Welt, ein Kosmos im Kleinen ist es, doch dieses Wort missversteht ihr als Aufforderung. Hätte ich Kinder, ich würde sie hier erziehen, ein Fahrrad, es hier begraben, eine Buhlschaft: ich würde Arm in Arm hier das Abendrot einnehmen. Der Stamm einer Birke erscheint wie ein Gott, und wenn erst der Herbst kommt mit seinem schwerleichten Schnee, den Schiffsrippen der Rosskastanien, zu Staub gefressen von den Miniermotten, diesen Seelen toter Seemänner, dann kommt ein wenig Weltläufigkeit in die Streifen, und sie schunkeln wie Geisterbarken. Wer, nebenher, mit den Füßen versäumt, ahnend und stillschweigend dem Unrat auszuweichen, soll besser im Zimmerchen bleiben. Hier ist nicht der Platz, um Auslassungen über die Sünde Rindenmulch einzukippen, die Andeutung genüge, wer gemeint ist, weiß es ganz genau.

Und dann die – Herrgott, das nimmt Ausmaße an! – die Pflanzung knie- und hüfthoher Doppeldrahtgitterzäune an Orten, wo nie eine tote Melone hingeht. Irgendwer verdient sich prügelreif mit der patentierten, bestechend verlässlichen Hässlichkeit. Wenn ich da hinübersetze, reiße ich mir garantiert die Brustwarze auf. Ich will nur kurz in den kleinen Spiegel sehen, den jemand in den Boden gerammt hat – aber es ist gar kein Spiegel, nur ein Aufsteller, ein Dummy, ein Blödian in meiner Lebensgröße, aus Pappkarton, er sieht mir nicht einmal besonders ähnlich und laboriert an einer Sprechblase: »Nimm eine Tüte für deine Blüte!« Rede ich zu viel?

Wo sind die Teenagertage hin, als ich im Himmel aufschwoll wie Watteau im Garten? Kein Gedanke trübte die Empfindsamkeit, das rohe ästhetische Hoppala. Ich hätte Maler wer-

den können, doch ich wurde nur ein streunender, großkotziger Hund. Mein Gerede ersetzt Lohn, Ehre, Empfindung und Ruhe, Werk, Schule, Weh und die Sonne. Ich würde mich scheren und schweigen, wenn eine Schere sich –
Horch! Wenn das nicht Hufgetrappel ist. Eine Kalesche! Ich will mich an die Fersen der Pferde heften. Sie suchen sicher das weiche treue Sägemehl, wo ihr Schicksal sich auf der Überholspur im Augenwinkel zeigt und auf einmal die Stöpsel aus den Ohren gezogen werden wie von Geisterhand. Was für ein selten herrlicher Anblick wird es sein, einen Cocker in gestrecktem Galopp eine Kutsche begleiten zu sehen! Das Tempo behagt mir nach dem langen, sparsamen Gehen.
Außer Atem, die Kehle voll Staub, die Pfoten Striemen – alle Bedenken habe ich hinter mir gelassen. Da fahren wir durch ein eisernes Tor, die Gefilde werden schattig, alles weht sich gemächlich herum. Eine wohlgeschliffene Kurve von 45° führt uns auf eine gerade Strecke, wo der Fußgänger links und rechts beiseitespringt. Cremiger Kies auf Feinstaub, das ist vielleicht ein Dessert für eine Cockerpfote!
Nun bleibt die Kutsche stehen, die Fahrgäste steigen aus, die Tiere wachen auf. Schnaubend nähert sich ein Kopf an einem beweglichen Hals. Wir beschnüffeln uns, meine kleine Nüster verschwindet in der größeren, doch gibt es, wie es scheint, nichts zu sagen. Ich hänge noch ein wenig herum, verschnaufe, schließlich trotte ich davon. Die Pferde sind mit ihren eigenen Vorlieben beschäftigt, Mähnenkraul, Horngenochse und so weiter. Hier riecht es aber auch mächtig danach.
Das Pferd, so groß es ist, besteht doch mehr aus Dunst denn aus Fleisch. Dies ist insbesondere an den Haaren zu merken, welche aus Dreck zusammengesetzt sind, wie jeder Wissenschaftler weiß. Ich mag die Tiere ja, trotzdem bemerke ich

ihre Eigenschaften. Herkulische Muskeln, und was tun sie? Wenn niemand die vor einen Karren spannt oder sonstwie auftakelt, stehen sie müßig herum. Ein aufgezäumtes Pferd ist gleich drei Mal so viel Pferd. Diese hier pausieren vorbildlich: die Muskeln spielen, eine Beutelration wird gekaut, zwei Köpfe beschäftigen sich mit der Philosophie des Schattens. Wenn nicht oben zwischen den schwarzen Zweigen ein Himmel leuchtete, ich vermeinte, im Internetcafé zu sein. Im Internet selbst! Also im Zoo.

Es dämmert, aus allen Gebüschen ertönt Rascheln, Meckern, Blöken, Tuten, Grunzen und Stöhnen. Ein Löwe hebt an mit Vorarbeiten zum existentiellen Brüllen, er muss die Stühle im Magen beiseiteräumen. Die mageren Wölfe sammeln ihre Läuse zum Geheul. Ein Reiher starrt den Marabu an, einer der beiden ist verlegen. Der Uhu erwacht. Allen im Blick: Stäbe. Die virtuellen Freunde und Verwandten, die Nachbarn, ziehen am inneren Auge vorbei, grüßen zum Abendbrot mit englischen Floskeln, hängen dann ihre Seelen an die Spitzen der barocken Gusseisengehege, um, wo sie auf der Welt auch sein mögen, von ungefährlichen Weiten zu träumen.
Nur das kranke Okapi wacht. Seine Streifen hängen ihm schlaff über den Hintern. Grelle Depression! Am Arsch hundert Stäbe, alte Ideen, abgenagte Witze über eine Welt, die vorne fehlt. Und sonst gar nichts. Das Okapi blickt mit seiner seichten Nase traurig ins rote Auge des Infusionsbeutels, nicht hoffend, dass von dort Hilfe käme, nur willenlos die Ähnlichkeit der durchleuchteten Flüssigkeit mit seinem eigenen Inneren einsehend, das sie füllen soll, während beide von den Infrarotlampen bestrahlt werden. Wozu? Begafft zu werden, eines natürlichen Todes zu sterben – ein Fluch ist die Natur, besonders in Beton! Das Okapi, selbst mehr Lied

als das im Nachtwärterzimmer flötende Radio, bleibt und bleibt.

Da springt der Schlauch aus der Kanüle, und heraus quetscht sich ein Cockerspaniel, schüttelt die Tropfen vom Leib, sieht verdutzt das Okapi an.

»Gehen wir!«, sage ich aus Verlegenheit zum Okapi, und wir stoßen die Riegel des Krankenstalls auf und gehen hinaus in den sich leerenden Zoo. Was für ein Zoo mag das sein? Die Luft scheint mir anders als vorhin, die Tiere mondäner und dörflicher zugleich. Ist mir etwa wieder so ein Trick mit dem Internet gelungen? »Okapi«, frage ich, und das Okapi weidet mich sanft an mit seiner langzüngigen Schnauze, wendet mir die schwarzen Wüstenohren zu, düster flirrend gespannt wie eine DDR-Energiesparlampe. »Okapi, wo ist das hier?«
»Berlin«, sagt es mit einem verlegenen Seitenschritt in seinen Strumpfhosen.
»Bist du verkühlt?«, frage ich.
»Ja, bin ich«, antwortet es. Dann lässt es seine Depression um die Knöchel fallen und steigt aus ihr heraus, um weiterzugehen. Das Dämmerlicht schüttet Milch über den Kreuzungen aus, die leuchten. Wir müssen so schnell wie möglich hinauskommen. Ich frage das Okapi, ob es springen kann. »Über den Mond«, antwortet es träumend.
»Du bist aber wirklich ganz schön verkühlt!« Wir schlüpfen unauffällig unter den S-Bahn-Bögen hindurch auf den Wirtschaftshof. Ein Zaun ist dort, so hoch, als müsste er Giraffen daran hindern, an den Zündkabeln der Kometen zu knabbern. Ich überlege, was zu tun sei, während das Okapi weiterträumt. »Hier, auf den Mülleimer hinauf, und von da über den Zaun!« Das Okapi springt, landet; als der Deckel

sich rollend von der Öffnung kippt, bringe ich ihn mit meiner Landung wieder zum Schließen, und das Okapi, strauchelnd, lanciert sich über den Zaun. Schrecklich landet es auf der anderen Seite, gleichzeitig auf Hufen, Knien, Brust und Kinn. Gleich steht es wieder, schlotternd. Ich komme auf seinem Rücken auf und hüstle. Mit mir als lockigem Alp setzt das Okapi sich in Bewegung, die Ohren asynchron rotierend wie vom Protokoll erschütterte japanische Schirme, und wir stürmen durchs offene Tor zum Kanal. Der federnde Gang des Okapis macht uns auf dem Weg durch den Gastgarten der Schleusenwirtschaft beliebt, man hascht und tappt nach uns, steckt dem Okapi Geldscheine zu, Alexander McQueen winkt uns sogar an seinen Tisch, doch wir winken, hocherfreut, ab. Ich frage das Okapi, was es mit seiner jungen Freiheit anfangen will. Es will gerne einmal die Eisenbahn von oben sehen und in eine möglichst große Buchhandlung gehen. Wir traben also die Trasse entlang, das Okapi darf einen ICE mit der Zunge berühren, und dann lenke ich es zur großen Buchhandlung Ecke Tauentzienstraße. Ich sehe seinem gestreiften Hintern nach, der auf der Rolltreppe entschwindet. Ohne zu zögern, hat das Okapi den Weg in die Philosophieabteilung eingeschlagen, um seinen geliebten Schopenhauer zu finden.

Nun bin ich wieder alleine und starre erst einmal genussvoll auf den Boden. Dort hat sich eine süße Wirklichkeit ausgebreitet, die so bald nicht aufhört. Welch großzügige Anwendung! Darüber türmen sich Zeit und Luft, mir ohne Grenzen geschenkt wie Wasser, das aus der Leitung strömt, in die es, vom Bach geklaut, hineingeschoben wurde. Eine Pfote, dann die nächste – und die Sucht schwemmt mich fort. Auf einem Hinterbein wende ich jauchzend, bodennaher Pegasus, und stürme über die engen Ampeln, bis ich wieder Zebrastreifen sehe und, wie ein Turmspringer sich nach getanem Fall im Wasser befindet, am wohligen Platz eintreffe, wo die Stille so groß ist wie der Lärm.

Fast durchsichtige Reisebusse schimmern in Reihen, ihre Chauffeure stehen wie Reißverschlüsse an einem Ende versammelt. Warten, ausruhen, auf die Uhr sehen, verdattert die Szenerie anglotzen, Passanten anbrüllen von wegen Weltende, auf dem Zugteleskop eines Rollköfferchens die Panik hochhalten, damit sie von der Welt nicht genässt wird: Die Motivationen, auf diesem Platz zu sein, schweben träge in der Spätnachmittagsluft. Es ist der Bahnhof Zoo.

»Wahnhof Kloh, wie ich es schimpfe.« Ich drehe den Kopf, dem Ursprung des Lachens nach, denn es klingt, als hätte man den Lacher aus seiner Schauspielschule geworfen, weil er nicht mehr zahlen konnte. Tellergroße Augen, der Mund ein ausgetrocknetes Furchtklaffen von Hoffen. Ich erkenne ihn unsicher. Es ist Thomas.

Sein Zustand ist schlimm, auch der seiner Witze. Doch in der Erleichterung, einen Bekannten zu treffen, scheinen mir die Abgründe unwesentlich. Um die Zeit zu beschreiben, die seit unserer letzten Begegnung verflossen ist, gibt er einige Anekdoten zum Besten, in denen er eine stille und heldenhafte Rolle spielt. Zwischendurch erkläre ich, dass ich im Begriff bin, in unseren alten Club zu gehen. Er begeistert sich dafür. Ich blicke zu ihm auf, dem drahtigen, scheinbar unbewegten Schwanker, und als er wie selbstverständlich vorschlägt, die Regionalbahn zu nehmen, vertraue ich mich ihm an wie einer Mutter.

Es muss ein Jahr her sein, dass Thomas das letzte Mal im Club an der Rennbahn etwas behauptete. Er ist ein großer Hund, der bei kecken Ecken im Gespräch den Kopf schief legt, seit er einmal im Spiegel sah, wie das wirkt. Als er beim

Eintreten in den Regionalzug zu zögern beginnt und vorgibt, irgendjemand warte irgendwo und wolle etwas, was er vergessen habe, von ihm zurück, jage ich ihn mit Bissen die Treppe des Doppeldeckwagens hoch. »Scheiß doch drauf«, sage ich, und nach einem Augenblick hechelt er überzeugt mit: »Scheiß drauf! Scheiß auf die Scheißer!« Er wähnt sich im Kino, er hält sich für Kinski. »Komm zu dir, Thomas«, sage ich, da blickt er hart, ernst und eine Spur eingezartet, als sehe er seinen Fehler ein und genieße einen Augenblick, unverschämt satt, wie ein Junge nur sein kann, die Sicherheit, die darin liegt, zurechtgewiesen zu werden.
Blasorgeln kündigen unseren Ausstieg an. Wie Pinscher im Eis segeln wir die Rolltreppen hoch. Habt ihr denn gedacht, ich trotte zu Fuß vom Zoo zum Mariendorfer Damm? Ein andermal, bei Liebeskummer, nachts. Jetzt reicht der Gang vom Südkreuz völlig aus, um ein paar wilde Kulturraubtiere zu Stummeln des Gehens zu feilen. Die Sonne brüllt gesäuerte Opern-Hits durch den Spätnachmittag, und es herrscht jene bronzene Hitze, die sich in ein unschuldiges Fell bohrt und die Poren an den Haarwurzeln einzeln ausbrennt wie mit drei oder vier Löteisen. Thomas erzählt von seinem Liebeskummer. Eine Pudelin auf Poppers sei bei ihm eingezogen, sei sich aber zu fein, auf den Strich zu gehen, und so müsse er. Dann zapfe sie immer noch etwas ab, um Ringelspiel zu fahren. Dort finde er sie immer. Sie habe zwar graue Haare, aber von der Vernunft eines Erwachsenen sei nichts zu merken. (»Ist es bei Pudeln nicht immer so?«, frage ich ganz ungehört.) Sobald er um die Ecke der Hecke komme, rage ihm aus dem zylindrischen Rumpf der Mondrakete ihr Puschelschwanz entgegen, dessen Zauber er mit der unschuldigen Faszination beobachte, mit der eine Katze das Zucken der sterbenden Maus begleitet. Und noch während er dies berichte, schleiche

die Zeit sich davon und lasse ihn einfach zurück, mit dem irrigen Gefühl von Allmacht im Blick – einer Droge, mit der er auch über die leiblichen Unbilden des Strichs in überlegener Manier zu meditieren sich in der Lage wähnt.
Wenn er Frieden findet in diesem Moment, dessen Auflösung er verzögert, so vergisst er den Frieden dabei komplett. Er bringt die Details des Schwanzes zur Sprache, packt sie aus einer inneren Kammer, die gleichzeitig der Schwanz selbst ist, und legt sie einem unbekannten Komitee vor, das sie wieder zusammensetzen soll und es nur kann, wenn er seine Arbeit perfekt leistet. Wenn nicht, fühlt er, wird seine Pudelin verstümmelt, daher seine andauernde Sorge. Seine Sprache kämmt indessen den Puschel, Haar für krauses Haar. Die Existenz dieser Lou Pudel macht er gleichzeitig groß und klein, drückt sie ans Herz und legt sie der Pflicht, der kühlen Lehrerin, mit vollem Herzen und der Hose voller Schuld auf den Tisch wie seine eigene knochige Pfote, welche das Lineal nicht mehr wird geraderichten können. Das sind Knochen, Lehrerin, hört er sich sagen, nur mein Leben zittert darin, und die Schuld löst sich auf durch mein Leben, ich büße, indem ich am Leben bin, ohne Nutzen genieße ich, was als nichts gilt oder bloß als ein Schlag.
Die verlorene Brise streicht unerhört geräuschlos vorbei. Luftiges Du, luftiges Ich, Verflechtung zur Konkretisation, als beame man sich plötzlich herbei von wer weiß wo, wo die gedankliche Abwesenheit zu Hause ist.
»Die nimmt dich ja aus«, sage ich, um etwas zu sagen.
»Was soll denn schon von mir übrig bleiben?«, sagt er deprimiert. »Wenn ich sie wenigstens glücklich machen könnte. Aber ich schimpfe die ganze Zeit mit ihr. Ich beiße ihr in den Bauch und schlage sie auf den Rücken. Sie regt mich auf, mit Absicht. Später kann sie mir dann wieder verzeihen. Diese

Zeichen auf dem Rücken, Striemenschatten in der fettschweren Senke, wo die Haut dunkel ahnt, das rasierte Fell scharf erwartet. Ich sage dir, sowenig ich weiß, was es soll, sowenig kann ich davon lassen.«
Ich bin erschüttert und lenke seine Aufmerksamkeit auf die Enten, die auf dem Ikeaweg als Musterfamilie auftreten.
»Wenn sie bloß weggehen würde«, sagt er. »Solange sie da ist, komme ich nicht von ihr ab.«
»Sie nimmt dich ja an.«
»Wie ich bin und nicht sein will; das regt mich auf. Wie immer ich drauf bin, sie ignoriert mich oder macht mir Komplimente. Sie ist psychologisch blind und ein analytischer Bulldozer.«
»Sie nimmt dich ja auch auf«, versuche ich ein Drittes.
»Werde nicht intim«, knurrt der Freund.
Wir schwingen uns unter Trauerweiden hindurch, die sich hin und her bewegen, seltsam getrennt sind wir voneinander. Die Weidenzweige seufzen wie Erzählungen von Feen, streifen unsere Buckel. Eine Wolke pulvert vor die Sonne, die Umgebung erscheint kurz feucht. Einen Traum mit einem kaum Bekannten zu teilen, einen Gang, der keinen Namen hat, ein Bekannter, der kein Reden hat, ein Federnder ohne Ziel … In dem Moment, wo ich vergesse, warum ich hier gehe, erscheine ich mir das glücklichste Tier von allen, bin auch viele Meilen weit von Thomas und seinen Telleraugenproblemen entfernt.
Der steht auf einmal breitbeinig in der Mitte der kleinen Brücke und lässt mich nicht vorbei. Ich muss zugeben, dass seine Augen nicht Teller, sondern Tunnel sind. Erst in das eine, dann in das andere muss ich hineinsehen.
»Was siehst du?«
»Grüne Felder, darauf Störche …«

»Ich sehe Gewalt«, sagt Thomas und stiert mir in die Augen, die Wirkung erwartend, durch durchgehaltene Kraft den Anschein einer Prüfung wahrend. Endlich lässt er ab.
»Kein Wort. Du weißt.«
Er meint, denke ich, etwas Ähnliches wie ich mit den Weiden, und wir eilen in den Teich, heben Seerosenblätter mit den Schnauzen, spritzen Fische unter Wasser an, jagen die Enten in idealen Kreisen, entsteigen triefend und zielstrebig, unseres Ziels bewusst, Aktentaschen im Bauch.

»Reiher, Reiher,
Nudelfreier!«,

entsinne ich mich eines alten Verses aus der Kindheit, um des Langen Grauen zu spotten, der so anreizend unbewusst wie ein Strich die Mitte des Teiches zeigt.
Die Baustelle, die die Kreisflanke einer Wohngenossenschaft ziert, steht Spalier, als wir durchgehen mit unserer glitzernden Schleppe, Könige zu Reims gekrönt durch das Gegenlicht. Thomas klebt sich eine Feder in die Locke, wo sein Ohr beginnt.
»Werden wir dort schreiben? Ich will Dichter werden.«
Ich versichere ihm, dass all seine Neigungen in Kürze anfangen werden, ihre Problematik zu entfalten.
Der Abend beginnt. Er ist leer, doch wir sind guten Muts. Wir betatschen die alten Häuser zu beiden Seiten mit unseren eingebildeten Händen, die so groß sind, wie Tänze für Götter mit Schatten waren. Einen West Highland White Terrier, betagt, an der Schnur hopsend, der uns erschreckt mit den Knopfaugen einer engstirnigen Dämonenmaske, erschrecken wir, als er vorbei ist, indem wir japsen, bis er sich umdreht und deutlich ausdrückt, er werde uns mit schwarzer Magie erledigen, wenn wir seinem Herrchen ein Haar krümmen.

Das Auge bleibt allerorten an Strichen in der Landschaft hängen, die unsere Kollegen mit ihrer Herrschaft verbinden. »Stricher. Nutten, billige«, schimpfe ich, und Thomas krümmt sich vor Vergnügen. Wir setzen uns auf eine Bank und sehen eine Weile zu, wie die Hunde durch das hohe Gras rennen. Wie Goldfische eilen sie rund um den Pfuhl, mit den Leinen Tangenten bildend, und am oberen Rand verschwinden sie mitsamt ihren Fischern, welche Gummistiefel tragen, zwischen den Kiefern. Wir gehen weiter.

Obst liegt auf dem Boden, zerfressen von Wespen. Die Treppen sind holprig, Moos schmeichelt ihnen. Kilometer gehen wir durch dieses ewige, gleichförmig nostalgische Jahrhundert von Wohnbau. Der Bewohner hegt, will raus, wird gebrechlich. Es ist sehr lebendig.

Thomas sagt, in Amerika sei es noch schlimmer. »Eichenholz«, raunt er. »Sie wollen alle altmodische Möbel aus Eichenholz. Weißt du, wie lange so ein Eichenholz braucht? Das wird einfach gekauft, und der Preis wird gedrückt. Als könnte man unsere Antiquitäten einschmelzen, Wurmkanäle pressen, die mit der Zeit zu hartem Holz würden. Als Rohstoff, du weißt schon. Erdöl – Leere. Menschenleben sind das!«

Ich frage, ob die kleinen Beschädigungen im Asphalt von den Eicheln stammen, die daneben liegen.

»Eichelfälscher«, sagt Thomas. »Glaubst du, die sind echt? Das ist nur Tarnung, dass die da liegen.«

»Und was wollen die Eichelfälscher?«

»Na, das Kapital. Ist doch viel billiger: Lässt du die Eichen in Freiheit wachsen, und wenn sie fertig sind, übernimmst du sie mit Gewalt.«

»Und warum die Eicheln fälschen?«

»Damit man nichts merkt! Schießereien! Die ganze – Mann, du hast echt, du hast einfach keine Ahnung, Cocker!«

Die Häuser sind immer noch um uns. An einer Ecke, an der ein Krämer entfernt wurde, duftet es nach Pizza aus Leuchtschildern. »Pass auf, du gehst rein – sobald die Pizza auf dem Tresen liegt, gehst du rein und machst Faxen. Ich schnapp derweil die Schachtel. Lass dich nicht erwischen!«
Wir platzieren uns hinter Büschen beidseitig des Gartentorwegs und warten.
Und warten. Nichts tut sich. Keine Glocke, kein Mensch, kein Telefonat. Ist dies die Werkstätte für Geisterpizzen, allein zum Duften, für die Gespenster, die hier wohnen sollen? »Ich kann mir in meiner Speichelpfütze schon die Locken frisieren«, sage ich, und Thomas lächelt, zu Boden blickend, führt die Pfote schüchtern ein paarmal über seine ungepflegten Ohransätze. Seine Feder fällt in seine Lache. »Komm, lass uns gehen«, sage ich.
Wir gehen durch Wohnsiedlungen, deren Wände von Zärtlichkeit hallen – ihre Fassadenansätze segnen uns wie die Krähenfüße von Vierzigjährigen –, und weitere Wohnsiedlungen, schließlich kommen wir in einen Wald, und dann, Herrgott, das freie Feld von Brandenburg in der Abendsonne.
»Jedes Mal«, flüstern wir ehrfürchtig den Fluch der unendlichen Wiederkehr, die uns hier an die Füße schwappt, ein trockenes Meer für Falken und Feldmäuse.
Es ist etwas Magisches an jener Grenze, wo die Hunde ausgebildet werden. Ist es Unrecht? Ist es Verschönerung? Wir, die wir nie in dieser Schule waren, wissen es nicht. Spot, der Hund, hat sie angeblich durchlebt, spricht aber kaum davon, winkt ab, wenn jemand davon anfängt. Er sei traumatisiert, behauptet er; er sei nicht einen halben Tag dort gewesen, heißt es hinter seinem Rücken. Dennoch befällt uns Ehrfurcht vor der Disziplin, wenn wir sehen, wie Hunde

aufgeregt am Bein ihrer Herren hüpfen, Hunde, die uns kaum flüchtige Blicke gönnen. Unheimlich ist das, wie eine vor Hingabe zerschmolzene Person an einem unachtsamen, dicklippigen Mantelständer.
Ein kräftiger Herbstwind bläst Sonnenwärme der Gräserfelder in unser Fell, kitzelt uns die Nase. Paraden von Abendhunden kommen auf ihren Spaziergängen herangeschnüffelt, laufen vorüber mit ihren Stöckchen und Leuten auf Fahrrädern, spürbar aufatmend gelangen sie an uns vorbei, unterwegs in ihrem Auslaufsystem, und Vögel rufen neben uns. Auf dem Weg liegen Seiten aus einem erotischen Roman.

Das Geisterschiff von Luce Fahl

Einem erigierten Schwanz gleich pflügte das Geisterschiff an einem sonnigen Tag durch das kristallene Meer. Kapitän Ricotta Schmaljahn massierte mit den Absätzen das Deck, als wolle sie den Klipper zur Eile antreiben, wo er doch, kaum hatte der Bug eine Welle durchschnitten, schon auf die nächste klatschte. Ihr Arm ruhte auf den Schultern des Schiffsjungen Marcel, denen, braungebrannt und schon recht ausladend, die Last eines knappen Tenniskleidchens nicht schwer wog. Sein liebliches Gesicht blickte aufmerksam zu ihr hinauf. Bald würde er sie überragen, trotz der strengen Diät, die das Wachstum verzögern sollte. Bis dahin musste er erzogen sein.
»Selbstlosigkeit«, sagte sie, pausierte und blickte lange an den Horizont. Sie wurde von hinten unterbrochen.
»Hier isn Loch!«, brüllte dort ein robustes Fräulein und wedelte mit dem Gerät in der Luft, mit dem sie

dabei gewesen war, die Kommandobrücke zu scheuern.

»Amanda«, setzte Ricotta Schmaljahn mit ihrer warmen Kapitänsstimme zu einer ihrer üblichen Deutschverbesserungen an, doch wurde sie diesmal von einem gewaltigen Wasserstrahl unterbrochen, der aus der Mitte des Steuerrads zu sprießen schien.

Der Schiffsjunge klatschte begeistert in die Hände.

»Was sollen wir

»Genug gelesen!« Thomas zerrt mich am Fell.

Ich will mich nicht losreißen von diesem Licht, dieser trockenen Stille, derentwegen ich vermutlich das Papierstück zu lesen begann. Die ganze Konstellation macht mich traurig: Weder kann ich mich mit dem Land mehr anfreunden als nur durch die Betrachtung des Anblicks, der in mir solche Freude und Rührung weckt, noch kann ich den Gedanken ertragen, es wieder zu verlassen. Also tauche ich in die vermeintliche Unwillkürlichkeit der Lektüre eines beliebigen weißen Blatts und seiner schwarzen Charaktere, auf die ebenfalls die Abendsonne fällt. Ein müßiges, trauriges Eingeständnis der Unmöglichkeit von allem, was mir lieb sein könnte. Das Blatt zittert bei einer sich immer wieder erneuernden Brise; unterm schrägen Licht ist jede Textureinheit des Papiers ein Hügel mit einer blauen und einer rosig erglühten Seite, die bald verlassen sein wird, Nacktschneckchen und Tau werden die frische Fläche zerfleischen wie Seewölfe die Knöchel zarter Jungfern.

»Du wirst dir die Augen verderben«, sagt Thomas. »Komm!«

Unser Schwung wird immer kleiner auf dem beinahe ewigen Weg durch den Industriepark. Brave Reitermädchen warten mit ihren Gerten und ihren Müttern auf den Bus. Wir

schnüffeln nach dem Pferdegeruch auf ihren kleinen Hintern. Thomas niest. »Ob der Flöhe hat?«, sinniert die Mutter. Thomas nickt und grinst, ungesehen, noch lange.
O und durch das letzte Spalier, zwischen Pferdeboxen und Spatzen-in-Efeu, die ganze Silowand hoch, da legen wir einen Sprint hin! Am Ende des Sprinttunnels taucht eine Viererbande Jungs auf, deren Hosen so breit sind wie das Märkische Viertel, und segelt, eine feindliche Armada, auf uns zu; wir aber bremsen nicht und rennen sie um, wie Tiger und Robben in Ringe gespannte Folien durchspringen. Endlich, die geliebten Tribünen! Endlich, das ermutigende schläfrige Scharren, das uns die restliche Nacht begleiten wird. Endlich das eiserne Ungetüm, in dessen bestem Eck unser Komitee beschlossen hat, fast jeden Abend zuzusehen, wie sich die Aussicht verdunkelt.
Die Trabrennbahn zu Marienfelde liegt still an ihrem Platz neben einem Altersheim. In der Mitte der Bahn plätschert eine riesige Fontäne. Man könnte meinen, es zwitscherten die Vögel. Ein guter Wind geht, und die Wolken ziehen, als wären sie in virtuellen Rennen eingesetzt, alle zwei Minuten über die Bahn hin.
Die dreistufige Patina der drei Renngebäude gemahnt an eine verwitterte, verstellbare Gartenliege. Die Sache einmal umgekippt und andersherum betrachtet! Das Interieur des ICE als griechischer Streitwagen vereint die Stile zum effizientesten Unsinn aller Zeiten. Die Trabrennbahn hat drei Tribünen. Linker Hand türmt sich ein ausgefuchster Gletscher aus den späten siebziger Jahren. Es spukt dort, man sagt, ein Kommunist sei bei den Bauarbeiten in die Grube gestoßen worden. Zu allen Tageszeiten, wenn nur das Fenster im Schatten liegt, sieht man jemanden die Jalousien hochziehen und herunterlassen. Ein regelmäßiger Besucher behauptet, er

bekomme Wetthinweise vom Gespenst, und ein Profiwetter erwidert, er habe die angeblichen Hinweise verfolgt und es sei nichts dran. Ein Kommunist verstehe eben nichts vom Zocken. Er kapiere die Natur des Zockens nicht.

Nur zu gut verstehe er sie, beharrt der regelmäßige Besucher. Man muss eben auf seiner Seite sein.

Wer das Zocken kenne, so der regelmäßige Besucher, meide es; irgendetwas daran habe der Zocker nicht kapiert; daher sein Zutrauen.

Wie bei jeder Liebe, sagen Zyniker, die sich dazugesellt haben.

Der Gefahrentheoretiker erkennt, bei aller Bescheidenheit, mit der er sich dem Ästhetischen nähert, deutlich, dass die Gefahr, die vom Gefährlichen ausgeht, zur Sphäre seiner Umgebung gehört und nicht zu ihm selbst, denn in sich und für sich, unter Abzug der Umgebung, ist alles ja ganz ungefährlich, wie man etwa an King Kong gesehen habe.

Nun mischt sich die Nonne ein und sagt, es sei wie beim Glauben, der sich nur begrenzte Toleranz für Heiden erlauben kann, und zwar im Rahmen der Unschuld des Unverstands. Man könne nicht an Gott glauben und nicht glauben, dass er Gott für alle sei. Diese Notwendigkeit habe aber zwei Wirkungen, die zu den größten Übeln der Welt zählen: Man müsse die anderen in einem entscheidenden Bereich für dumm halten, und man dürfe die Dummheit nicht hassen. Wie aber den Teufel ohne die Dummheit hassen?

Die Nonne steht alleine da, zu ihren Füßen ein Meer von Wettscheinen.

Man könnte also sagen, eine Rennbahn diene zur Verdrehung der Tatsachen und zur Verschiebung der Ziellinie. Sie wird von Reklametafeln flankiert, das meine ich mit Verdrehung der Tatsachen. Es ist eine Motivationsschraube, die sich in die Zeit bohrt. Wenn es aber keine Zeit gibt, ist sie nichts als ein einfacher Zirkel. Die Tafeln stehen, wo wir hinsehen sollen, weil das Rennen zu Ende geht. Dort gibt es nur etwas zu sehen, weil die Herren der Reklame das Rennen bezahlen. Es sei denn, dies findet nicht statt. Dann stellt jemand seine Liebe, seine Vorliebe, sein Hobby dorthin, nackt, und teilt einfach Geld aus.

Wie Plankton schwimmen unsere Blicke auf einer Welle des Wollens, die nicht sehr tief ist, als wäre die pflichtschuldig tosende Bahn aus billigem Papier wie der Himmel. Sie werden eine Sekunde lang, in den letzten Augenblicken der Zielgeraden, durchstürmt von einer Meute hetzender Pferde und den mit ihnen segelnden Gemütern auf mehreren Rasen. Auf den Gletscher folgt die zweite Tribüne. Ist der Gletscher ein kaum mehr kalbender Patriarch, kommt der zweiten von Reihenfolge und Größe her die Rolle der Mutter zu, sie wird am meisten benutzt. Zuletzt in der Reihe der drei steht ein entzückendes Kind mit Spitzenkragen, das älteste Gebäude, die kleine endellsche Stehtribüne von 1916.

Es erstaunt, eine so hehre Vorstellung von Gerechtigkeit auf einer Rennbahn zu finden. Akzeptiert man das Wunderm, hofft man auch gleich, wundergefräßig geworden, dem netten, schlaksigen Architekten noch zu begegnen, wenn man um die Ecke kommt. Horizontal gespaltene Gerechtigkeitsmädchen, die wie Schachtelhalme aussehen, bewachen die Türen, deren Unterschied zu den Türen der römischen Kurie, neben ihrer Schwingnatur, darin besteht, dass der erwachsene Mann zu den Knäufen nicht hinauf-, sondern hinabgreifen muss, als wären sie Eier. Da es aber Schwingtüren sind, braucht er dies nicht zu tun, lehnt sich mitten im Schritt mit der Schulter gegen das Holz und drängt sich, gegen die entgegenkommenden Leute, hinein. Die Säulen sehen dies mit Gleichmut an. Auch sie kennen nichts Kritisches zwischen Boden und Schultern. Ihr schlichtes Kleid steigt ohne Knicke zu formell belockten Achseln hinauf. Dort oben könnten – wir wissen es nicht – auch Kiemen oder Äste sein, zeichenfreudige, doch unentwickelte Arme, Brüstchen oder ein Kinn, erhoben zum Spähen über die Menge nach einem gewissen Gesicht, oder wie sich die Gerechtigkeit sonst die Zeit vertreibt, da ihr Leib nicht gilt. Es sind Kopffüßlerinnen, große Zehen, Gestalten ohne Sinn, Volk der Alpträume, die keine sind. Sie haben das verkörperte Verhältnis einer Viererwette.

Über dem geschäftigen Erdgeschoss voll Türen und Abstellkammern ist Ruhe. Zwei fächerförmige Fenster ähneln Augen, die Teichen ähneln. Über ihnen ist in bunten Klinkern ausgeführt, womit ein symmetrisches Gemüt während des Telefonierens die Ränder eines Papiers füllt. Auch dies sind Augen, Augen wie Wettscheine, mit blauem Blut unterlaufen, an den Horizont stierend, als ob sie nach Hause wollten.

Vor den Säulen und Schwingtüren, aufrecht wie ein gotisches Gebiss, lungert Flor Grandville herum und stinkt nach Mülltonne. Seine Augen können nicht stillhalten, fliegen von einer Sache zur nächsten.

»Haben sie dich rausgeschmissen?«, frage ich ihn.

»Nein.« Flor, unter Thomas' quizzikalen Blicken, stiert zurück und spricht träumerisch zu mir weiter. »Etwas treibt mich so dermaßen, mich durch die Mülltonnen zu wühlen.« Er schaut hoch und knurrt, verlegen: »Aber du, du blätterst im Altpapier in den Literaturzeitschriften! Ich habe dich dabei gesehen.«

»Die Drucker bringen es nur dank meiner ihnen bekannten Gewohnheit über sich, die Hefte dem natürlichen Kreislauf zu überlassen«, sage ich.

»Sie zu drucken«, verbessert der Kater. Er wankt abgelenkt im Kreis, ein wenig geschäftig, ein wenig faul.
»Der natürliche Kreislauf endet wohl bei dir«, rülpst er auf der zweiten Runde.
»Scher dich zum Penny-Markt, wo du hingehörst«, belle ich.
Inzwischen hat Thomas etwas über alle Maßen komisch gefunden, neigt seinen Kopf, bis er fast den Boden berührt, und reißt ihn mit jedem neuen Versuch, ernst zu bleiben, hoch. Er geht auf und ab wie eine Ölpumpe, alles in Sichtweite wird überflüssig, schwarz und reich. So sind sie am Zoo gesessen, denke ich, zu Füßen der Menschen, die vorbeiziehen, und Sternen am Himmel, so zerstreut, wie ihre Zähne im Mund verloren sind, vergessen verrottend. Er lacht und lacht und lacht.
Hier setzt der unberechenbare Kater einen Punkt. Plötzlich ist er nicht von einer Arie abzubringen. Dazu lässt er sich auf der Schwelle der denkmalgeschützten Schwingtüren nieder.
»Mein Rostrum«, erklärt er *pro tussi*.*
Thomas prustet wieder los.
»Ich werde nun anfangen«, beginnt Flor.
Ich gehe um die Ecke, um zu sehen, ob die anderen schon da sind, und da sitzen sie. Hinter der glasigen Wand, ins Gespräch vertieft, wie es scheint, oder ins Schweigen. Ich wende mich zurück. Thomas begräbt sich in überdeutlichen Versuchen, sich die Schnauze zuzuhalten. Ich lege mich in den Staub.
»Es wäre doch schade darum«, imitiert Flor jemanden und rückt dann mit seiner Erläuterung heraus: »Diese Losung halte ich trotz ihrer scheinbaren Harmlosigkeit für die ge-

* Anstelle eines Hustens. Latein.

fährlichste Maxime der Welt. Sie lässt alles so bleiben, wie es geraten ist. Sie schützt wahllos das, was ist, vor allem, was werden könnte. Sie schont die Gespräche, dehnt sie in die Länge, schiebt den Anwälten Autos unter die Ärsche. Die Erziehung ist so verfault, dass man Gespräche nur mehr zur gegenseitigen Politur konversationeller Erbstücke gebraucht. Man müsse tolerant sein, heißt es, und alles, was da ist, akzeptieren, so wie es ist.«

Flor stampft mit der Pfote in die Stille hinein.

»Das ist Realismus! Dazu braucht es keine Politik!«

In sanfterem Ton erklärt er die Aufstellung seiner Begriffe:

»Politik muss mit dem Realismus ringen, ihn von einer Hefe zu einem artikulierten, muskulösen Tier erziehen. Denn der Realismus ist ein Pferd, sage ich, ein Pferd! Und sein kriterienloses, sein wirres Verlangen nach Komfort oder Flucht macht jede besonnene Überlegung unmöglich. Erst die Politik kann das Pferd zu einem Denker machen. Die real existierende Politik macht aber ihre Denker zu Pferden. Zu Pferden der Saison.

So sehr stabilisiert das, man muss eigentlich von Lähmung sprechen. Zärtlichkeit für den empfundenen Eigenwert der Dinge und die unerfüllte Sehnsucht, sie wirklich zu ergreifen, vermengen sich zum kontrolliert geschlafften Krampf. Geiz, Gier, Ohnmacht. In der Ohnmacht kommt es zur artikulationslosen, körperlichen Not, wenn etwas verworfen werden soll, über dessen Hinfälligkeit man sich unsicher ist. Der komatöse Mensch identifiziert sich im Schlaf, glaubt immer, es sei er. Ausgeglichenheit!, rufen die Hängelampen, Gerechtigkeit! Gleichberechtigkeit!, und in jeder Kneipe findet sich ein Ritter, was vernichtet werden soll, zu verteidigen. Grob und böse müsse man sein, um etwas zu verwerfen. Es bleibt nichts mehr übrig, als zu allem, was kommt, aufrichtig und genau zu sein, als wäre die Welt für uns fest nur durch den bewahrten Schein wissenschaftlichen Interesses.«

Libby Wald, eine Stararchitektin meiner Bekanntschaft, kommt um die Ecke und landet neben mir. Der Hass macht uns zu festen Freunden, wobei ich nicht weiß, ob sie mich hasst, ich sie aber, und daher freue ich mich immer, wenn ich sie sehe. Ich kann überprüfen, ob es stimmt, dass ich sie nicht ausstehen kann, und bin mit reinem Gewissen grob zu ihr, damit sie endlich kapiert, dass es besser wäre, von mir fernzubleiben. Und da mein Wunsch, sie möge mich wieder verlassen, dem ihren, unbedingt mit mir Umgang zu haben, unterliegt, fühle ich mich in ihrer Gegenwart pudelwohl.

»Kennst du Alfred Endell?«, fragt sie.

»Hände ...«, murmle ich. »Wollte ich nicht gehen?« Doch mein Körper bleibt liegen; eine Pfote streichelt, eingeschlossen im gläsernen Herz eines ungeborenen Gedankens, die andere. Mir gefällt es, wie Libbys Locken sich mit den meinen mischen und ihnen gleichen, bloß dass sie in andere Richtungen verlaufen und hassenswert sind.

»Er hat diese Tribüne gebaut. 1916.«

Ich schweige.

»Du musst einmal seinen Aufsatz lesen.«

»Welchen denn?«

»Er steht im Netz. Wie heißt er noch mal? Über die Notwendigkeit moderner Architektur oder so was. Jemand hat dazu Fotografien vom Bunten Theater hochgeladen. Schwarzweiß.«

»Ach so«, gebe ich mit Sarkasmus den Historiker.

»Er ist der Einzige, der sich ernsthaft mit Stuck auseinandergesetzt hat. Proportionen. Die mystischen Tiefen einer Heizkörperverkleidung. Luftiger Kopfraum –«

»Hängelampen –«, denke ich. Unbestimmt schüttle ich die Locken zu einem Nicken und wende mich demonstrativ dem Vortragenden Flor zu, der ziemlich in Fahrt ist:
»Ihr müsst die halbtoten Dinge von euch fortschleudern wie gefährlich plärrende Fötusse! Denn gegen die wahllose Wertschätzung des Existenten, das Messietum, hilft nicht größere Achtlosigkeit, sondern Kunst in der Liebe: Sadismus. Wer mich schlägt, räumt mit mir auf, und gewiss, ich benehme mich schlecht, um geschlagen zu werden. In mir weiß ich genau, was ich tue. Eines Tages werde ich, anstatt mich prügeln zu lassen, mich selbst bügeln. Freiwilliges Benehmen ist aber kein vollständiges Aufräumen, denn da ist nichts bis an seine Grenzen ausgegossen. Es bleiben üble Tendenzen, verkehrte Hintergedanken. Das Schlagen erst stapelt alles in die Kammer der Entrüstung, von wo aus es in den anschließenden Stunden geordnet wird und als das entsteigt, was es eigentlich ist: Kämmen.
Das ist auch so etwas«, beginnt Flor sentimental zu werden, Schwäche oder Blüte aller seiner Reden. »Laut schreit die Laus in mir, wenn man an meinen Zotteln zerrt; und wie peinigt erst die Badewanne, mit ihrem kreischenden Rutschen und dem schleichenden Nass, das mit kraulichter Schampoowärme lockt und das darauf folgende Zitterelend verschweigt. Danach brauche ich Stunden, um zu mir zu kommen, durch Skylla und Charybdis von Wonne und Panik gemangelt. Ich erinnere mich! Es ist eine Zeit her, dass man mich mit dergleichen quälte, doch ich weiß es noch deutlicher als die Zeit danach, wo der pubertierende Kater mit anderem beschäftigt war, mit Stolzieren, Jaulen, Schnüffeln und Schmollen. Ich entdeckte, wie man mit der Nase alles auseinanderstoßen kann, um es in seinen Einzelteilen zu untersuchen. Von da an zerfielen die Zusammenhänge wie von Geisterhand, wäh-

rend ich überhitzt neue erarbeitete. So ist es bis heute, und auch jetzt bin ich nicht bei Besinnung.«

Flor räuspert sich, tappt nach seiner Kurve.

»Was für ein heiliger Fluch sind doch diese Florida-Rooms, das will ich sagen. Obwohl man außer sich ist, ist man dennoch befangen. Mondän sitzt der aufrichtige Kater, die Beine überschlagen, in all seinen undurchdachten Bekleidungen und beklemmenden Ansichten, wird gesehen, während er sich bis zur Erblindung verwirrt hat, und kräht, um sich zu vergessen und die Wahrheit zu sagen. Zu den Florida-Rooms zählen wir die Räusche, die Emphasen, die Einsichten und die Depressionen. Um hinauszukommen, muss man radikaler sein: Man muss einen Fuß vor den anderen tun.«

Flor zweifelt, ob er sich ausreichend ausgedrückt hat, kapituliert und wird brachial.

»Was ist ein Florida-Room? Nun, das wollen wir eben herausbringen. Wir befinden uns ja in einem. Kommt endlich rein.«

Flor Grandville beendet hiermit seine Arie, weckt uns mit der plötzlichen Stille und geht voraus zum Gletscher, in dem die Streuner ausgestreut liegen wie unordentliche Kajaks. Sie schnitzen aus Mammutzähnen gefährliche Waffen, während sie auf eine Wende im Geschehen warten: ein ominöses Knacken im Eis, einen Robbenkopf am Fenster, eine unterhaltsame Halluzination, einen lehrreichen Schrecken. Sie nähen an ihren Gedanken, flicken die Erinnerungen mit Wunschresten und spinnen zähe Garne, klöppeln Netze, deren Langeweile stärker sein soll als die Aufregung jedes erdenklichen Fisches.

»He, ihr faulen Säcke von fleißigen Frauen!«, ruf ich, »Verhinderer des Aufstands, he!«

Bei unserem Eintritt beginnt die Halbschäferin gerade mit

ihrem Baudelaire-Vortrag. Thomas findet ein paar Kissen für seine langen Beine, ich gehe zu meiner Leibstelle, dem letzten Eck der Kordsamtcouch, verwickele meine Schnauze in den roten Fetzenpullunder und nestle sie darin. Seit Jahren komme ich gelegentlich hierher, und immer ist irgendjemand da. Ein ambitionierter Wessie hat unsere unregelmäßige Regelmäßigkeit von Versammlung einst hoffnungsfroh die Marienfelder Schule getauft, aber nicht einmal die Bezeichnung Akademie umschiffte den Euphemismus. Manche kommen zum Schachspielen hierher, manche frequentieren einen Schwarzmarkt der Geheimtipps und ein paar, zu denen ich mich mit Wohlwollen zählen möchte, erscheinen, um an Verschwörungstheorien zu feilen, kultivierte Redeweisen zu schleifen und ein großes, unsichtbares, allumfassendes Werk zu vollbringen, das die ganze Welt anmutig und profund machen soll. Dass uns Streuner auch etwas anderes hierhin treibt, ist ein duftendes Geheimnis. Wir treffen uns in einem zur abgelegensten Stelle offenen Glasraum – jeden zweiten Tag kommt ein Neuling mit einer These, wer ihn wozu benutzt haben mag. Das Herzstück des Mobiliars stellt die ausladende Kordsamtgarnitur dar, die uns erlaubt, nach Art der Römer halb im Liegen die Grenzen zwischen geistigem und körperlichem Genuss zu tätscheln. Heimlich kann man jede und jeden von uns dabei ertappen, wie wir die Schnauzen in den Ecken der Couch begraben und tiefe, lange Atemzüge tun. Das Material riecht feucht, ein schöner, graugrüner Modergeruch. Wunderlich, wie sympathisch und gesund Moder riecht, zum mindesten für einen Stadthund wie mich. Und dann gibt es noch einen rätselhaften Pullunder. Wahrscheinlich hat ihn ein Penner an einem Frühlingstag zurückgelassen. Der Geruch – nicht in alles möchte ein schamponierter Hund wie ich seine Schnauze begraben.

Doch das Sofa riecht nach Moder, und der Fetzenpullunder nach einem Herrchen.

O wie ist der Duft eines Fremden, der nicht da ist? Die größte Abstoßung wird in der Abwesenheit seiner Ursache zur größten Lockung. Da sehen Sie, was für ein Organ die Hundeseele ist. Und kein Hund ist seiner Menschenliebe so gewiss wie ein Streuner. Wir jagen und verprügeln jeden Köter, der seine Herrschaft verlässt. In Ausnahmefällen berufen wir ein Gericht ein, das streng prüft, ob das Dummchen berechtigt, das heißt gezwungen war, das Verhältnis zu beenden. Vor dieser Naivität müssen die Haushunde geschützt werden. Hat man sich erst an das raue Leben gewöhnt, hat man gelernt, seine Sprache zu sprechen, ist man schon, ganz unbemerkt, viele schöne Eigenschaften und die Blüte der Jugend los. Wir sind aber große Schwärmer, wenn niemand zugegen ist, und Gourmets des Menschendufts, vor allem ohne den Menschen.

Die Halbschäferin ist ein fremdelndes, grob freundlich erscheinendes Ding, geboren, um ein Leben lang falsch eingeschätzt zu werden und in dieser Einschätzung glücklich zu sterben. Seit ihr linkes Auge blind und starr wurde, gleicht sie einem düsteren jungen Mönch. Wie ein Duft entweicht diese Assoziation, wenn sie dankend vorantappt. Es ist der Duft blütenhaft schreitender Schönheit, der Duft der Zersetzung. Empfindung schießt aus der verletzten Augenhöhle. Sie weiß, wie wir alle, nicht, was ein Vortrag ist, wie wir auch die Syntax behandeln mit der Anmut unerfahrener Eisläufer.

Ach, ihr Schäfer mit euren schwachen Rückgraten, die Hinterbeine hintennach schleifend, der Sonne entgegen. Ein Lichtkegel ist das Denken uns Hunden. Wir lesen und schreiben, wie wir Fleisch verschlingen, ungeordnet, hastig,

mit einer wilden Poesie. Japsend nach Licht, mitten im Licht.
Und so fängt die Halbschäferin an, wo ihr der Schreibtisch gewachsen ist: »Baudelaire auf Französisch zu lesen ist wie ein Trichter, der einen daran hindert, sich dort zu kratzen, wo es juckt, vor allem aber viel der Umsicht nimmt, die vonnöten ist, um gerade zu gehen. So gleicht, wer originalsprachlich zitiert, einer Betrunkenen. Man halte meine Einschätzung nicht für überheblich. Lange Zeit besaß ich selbst, als halbwüchsige, schwarze Welpe, die Eile, das originalsprachliche Zitat für ein Rostrum zu nehmen, auf dem Arroganz eine Standfläche hätte. Ich war versonnen genug, es auch deshalb gutzuheißen, weil es tatsächlich Inschriften besitzt, die man entziffern kann, um sich die Zeit zu vertreiben, während man bewundert wird. Was heißt, sich die Zeit zu vertreiben? Mücken mit dem Rüssel zu erschlagen? Es ist eine gängige Redewendung unter begabten Welpen, um das Allerheiligste, das noch Ungewisse zu schützen. Ich hatte keine Angst vor der Zeit – manchmal vor meinem eigenen Begehren der Zeit – Angst, die volle Hingabe an die Zeit könnte mir Geräusche entlocken, die mich entlarvten – und ebenso sehr hatte ich Angst vor dem Werk, aus denselben Gründen, nur etwas zugespitzter. Das Werk ist Geist mal Zeit mal Energie. Erst die Seele führt bang die Rechnung aus. Und kürzt schnell alles wieder zurück, denn die bare Multiplikation, ohne Abzug der natürlichen Widerstände, zeigt eine Fratze, ärger als die des Kapitalismus, wo milde Liebe und allgemeiner Unverstand einen Schleier vor dem Entsetzen rundumziehen (und wieder zurück) wie jene flachen Dreifaltigkeitssäulen mit dem auf und ab gleitenden Duschvorhang, die nachts, wenn alleinige Traumwäscher ihren Weg von den Kneipen in die Heia machen und die Hundebesitzer von den ihnen anver-

trauten Geschöpfen zu Beweisen der Andacht vor den Bedürfnissen anderer genötigt werden, mit müdem Säuseln die Ketten ihrer Stechuhren durch die Hände rieseln lassen. Eine von drei Werbungen folgt auf die andere, tief in der Nacht, wo sie niemand sieht, weil die Taxifahrer ihren Blick auf die nasse, schwarze Fahrbahn stützen. Die Hunde ausführenden Zeugen sind, solange sie nicht von einem Gegenüber in ihrer Größe provoziert werden, sanftmütiger als die betrunkenen, die ihre Träumerei vom Nächstbesten und auch von diesem Säuseln beleidigt wähnen, weswegen man sie gelegentlich bei längeren Ansprachen der Säulen der flachen Dreifaltigkeit beobachten kann.«

Nun schubst die Halbschäferin unter dem Sofa eine alte Gesamtausgabe vom Astrophysiker des Geistes hervor und findet sogleich die Stelle, die mit einer Scherbe von Hühnerknochen markiert war.

»Die Welt wird vergehen. Der einzige Grund ihres Fortbestehens wäre ihre Existenz. Dieser Grund ist schwach gegen alle andern, die das Gegenteil betonen, besonders gegen diesen: Was hat die Welt von nun an noch unter dem Himmel zu tun? Denn vorausgesetzt, sie bestände materiell fort, würde dies dann einem Dasein entsprechen, das dieses Namens und des Wörterbuchs der Geschichte würdig wäre? Ich sage nicht, daß die Menschheit zu den verzweifelten Auswegsmitteln und dem närrischen Chaos der südamerikanischen Republiken zurücksinken, daß wir vielleicht sogar in den Zustand der Wildheit zurückkehren und über die unkrautwuchernden Ruinen unserer Zivilisation, mit der Flinte in der Hand, nahrungssuchend schreiten werden. Nein, denn diese Abenteuer würden noch eine gewisse Lebensenergie voraussetzen, ein Echo der Urzeiten. Als neue Beispiele und Opfer der unabwendbaren moralischen Gesetze werden wir daran zugrunde gehen, wodurch

wir zu leben geglaubt haben. (...) Doch werde ich diese Seiten hinterlassen – weil ich meinem Zorn (meiner Traurigkeit) ein Datum setzen will.« *
Die Halbschäferin schließt das Buch und wendet sich zu uns. Mit ihrer üblichen Mischung aus Sorge und Ironie legt sie uns die Situation dar:
»Nun ist der skizzierte Fall mehr oder weniger eingetreten. Wir haben ein Datum, haben die Seiten. Baudelaire ist weg. Wenn sein Zorn und seine Traurigkeit im Raum stünden wie Rauch und Abzug der Raucherin – aber sie stehen wie Erklärungen und Erklärungsbedürftiges; etwas mit Löchern, die Finger hineinzustrecken. Handschellen? Bowlingkugeln? Die unabwendbaren moralischen Gesetze?
Wenn die Vermutung, die Welt werde ›vergehen‹, eine Bowlingkugel ist, was ist dann die Abrissbirne?
Wir vermuteten ja, dass alles stärker ist als Texte. Das heißt, wir mussten es einsehen. In vielen Fällen wurde es uns, mit und ohne Häme, vorgeführt. Ist dann das Datum die Abrissbirne – der Zeitpunkt, machtvoll dadurch, dass er noch nicht eingetreten ist?«
Ich muss nachdenken. Ein Datum als Selbstmordweste? Was mir geschenkt wurde, versetze ich sofort. Was bekomme ich dafür? Aufschub. Dieser Hund ist in keinem der Etablissements des Trosts erlaubt. Die Beschleunigung der Spiele im Inneren lässt ihn hechelnd zurück, und er ist gerettet, ob er es wollte oder nicht. Nein! Ich bin ja der Hund, der auszog, das Fürchten zu lernen, ich schlüpfte leicht in die bunte, traurige Nacht. Der Tag war es, der liederliche Tag, der zu viel Dreck an den Pfoten, zu viel Blankes um die Lefzen hatte, der musste draußen warten, bis ich wiederkomme. Ich

* Charles Baudelaire, Entwürfe und Fragmente, S. 129f.

kam nicht wieder. Adieu, Tag, es war lausig an Ihrer Seite. Und alles paradiert vorbei, Leben, Zeiten, fremde Orte, Felsen winzig wie ein Chinarestaurant, wie Alaska auf einem kreiselnden Spieltisch. Wo aber ist der Tag, der mit mir hier umhersprengen wollte, dieser hochausgestattete Zelter von Tag, dieser sich selbst mit Goldbrassenfilz und Schellensamt sattelnde Prunkelefanz von Tag? Er hat sich eingelegt in Schlaf und Gruß, der in aspikuöser Hoffnung Erstickte, hat mich und sich untätig verlassen. Ich indessen habe mich eingesperrt in der Flucht, also ausgesperrt, aber ohne Tag, und bewege meine Gliedmaßen wie die Chlornacht einer Schwimmbadempore, blind grabend wütend.

Immer schweife ich ab, bis ich einschlafe. Kein Mensch versteht, was ich vor dem Einschlafen denke. Es ist leicht, zu verstehen, wenn man sich hingibt, gibt man sich aber hin, ist man vom Leben um so viel entfernter. Wozu es hinüberretten? Ich muss nur klug werden, und dieser stumme Reichtum soll meine Gedanken zur Vollständigkeit erziehen.

»Hunde!«, rufe ich und schrecke mich damit aus dem Schlaf, »habt keine Angst! Ich gebäre jetzt aus dem Kopf eine neue Generation von Stewardessen, die uns helfen sollen: die Moderatoren.«

»Ein schöner Moderator bist du«, regt sich Katrin auf, ein rechtschaffener Köter. »Ein Unterbrecher und Zuspitzer bist du.«

»Lass den Cocker reden«, sagt die Halbschäferin, »ich war schon fertig, ich hätte nur noch die Atombombe anführen können.«

»Die Übergänge haben sich verändert«, sage ich. »Die Ästhetik kann sich, technisch gesehen, nicht mehr ohne Einschränkung als das Antidot zum Funktionalismus aufspielen, denn sie hat ihn in unseren Breiten längst besiegt. Bei weitem das meiste Geld wird in Angelegenheiten der Ästhetik, nicht der Funktionalität umgesetzt. Die Ästhetik ist überdies todhässlich, und die pseudofunktionalistische Art ihrer Macht kontaminiert die Schönheit. Während Schönheit ohne Grausamkeit und Armut nicht zu denken ist, will die Ästhetik diesen Teil abschieben und durch geschönte Zellen ersetzen, daher ihre manische mechanische Theoriebildung. Theoriebehängt neigt sich die Schönheit leicht zur Statistik hin. Doch ich wollte etwas anderes sagen. Es ist die alte Pfauenschleife: Wichtiger ist, wie etwas aussieht, als dass es funktioniert. Erscheint es da nicht verwunderlich, dass die Gegenstände nicht immer schöner werden? Ha!« – endlich hatte ich es selbst überrissen – »Nun seht ihr, dass Aussehen an sich nicht schöner ist als Funktion, nur weil das Umgekehrte auch nicht zutrifft. Die Pfauenschreie des Markts sind im Supermarkt zu Hause. Ihr Sex ist ihr Preis, ihr Leib totes Material, das mitgeschleppt wird, unnütze Genetik. Ihre Schönheit bezieht sich nur auf den Supermarkt. So tragen sie das Bild vom Geld ins Leben der Haushalte. Seht den Müll, seht die Tochter in der Schule und die Tube im Bad: Es sind gestrandete Raumschiffe!«

»Und die Moderatoren?«, ruft jemand, »wo bleiben die Moderatoren?«

Ich muss mich besinnen und laviere. »Moderatoren, diese geistigen Obdachlosen, rutschen in unseren Tagen zwischen den Phrasen auf Knien hin und her. Nach ein paar Jahrzehnten ewigen Wachstums ist die Abstellkammer der Tabus schon ziemlich vollgetürmt. Man kann fast nichts mehr sagen. Wer etwas sagt, zieht den Boden unter den Füßen von etwas anderem weg, dessen Gewicht ihm schaden muss. Also betonen die Moderatoren unter den Künstlern die Beistriche und alles Nebensächliche. Wenn die Moderatoren sich reformieren würden, um ihre Aufgabe anzutreten, anstatt sich immer ängstlich aus allem herauszuhalten –«

»Na, das ist ja eine Geburt. Ich geh mal wieder«, sagt Flor und tapst über den versifften Spannteppich davon.

Ich halte im Kreißen inne, da mich unendliches Kopfweh befällt, und fange nicht wieder an. Für mein Gefühl habe ich schon genug hervorgepresst.

»Wie gehen wir vor?«, fragt nach einer Weile freundlich die Halbschäferin.

Neomurr, der schwarze Freund im Kamelhaarmantel Höflichkeit, schlägt vor, zu verlesen, was wir in früheren Sitzungen erarbeitet haben. Ein altes Blatt wird unter dem Sofa hervorgepult und durch kollektives Pusten von Dreck befreit.

»**Der Florida-Raum**

Eigenschaften:

a) Transparenz

a.1) Das Gegenteil von Transparenz

Etwas Einsinniges, nicht Mehrdeutiges hat heutzutage die Aura einer Stele.

Fort sind die meisten Mauern, wir kennen Glas, Luft und Schamanen, das meinen wir mit Stele. Wie stehen wir zu der Stele? Wir schleichen um sie herum wie die Familienaufstellung um die Erbtante. Wir wissen nicht, was wir sagen, aber wollten wir sprechen, ohne zuzugeben, dass wir gegen Feinde sprechen, tappten wir in die Heuchelei. Finden wir also die Feinde. Die Feinde in den Feinden, die Feinde in den Freunden, die Freunde in den Feinden.«

»Es ist vielleicht ja doch das Beste«, berate ich nebenbei mit der Halbschäferin, »in die Heuchelei zu tappen, in das angstgelbe Fett, bis zum allzu kenntnisreichen Schenkel. Besser ein Scharlatan als ein halber Schamane.«
»Sieh zu«, sagt sie, »dass du Eitelkeit genug besitzt, deine Sache nicht die Form verlieren zu lassen. Moral hast du nämlich nicht genug für einen schönen Rücken.«
Neomurr indessen weiter, mit seiner warmen Stimme, in der alles ein A zu sein scheint und unsere Theorie baalische Hoffnung anlegt:

> »Wir lasen Vorfahren, um einen Blick zu schauen, für den der Niedergang in dem, was wir kennen, erst eine Ahnung ist, noch keine Tatsache, die einer kontemporär einsieht und doch nicht in das Leben kriegt. Schief ragt Wissen heraus aus dem Kleidchen des Tags. Wir leben doch, wie könnten wir sonst so kräftig schimpfen? Besonders krank klingt das Schimpfen nicht. Die Aufregung eines Gespensts über die Angelegenheiten der Erde wird von ihr nicht ernst genommen. Wird man Hunde hören? Wird man nicht sagen, wir seien ahnungslos, wir lägen im Dreck und sähen die Dinge von hier unten aus einer ganz falschen Perspektive? Müssen wir unsere Erkenntnisse einer Kommunikationsgesellschaft anvertrauen, um gehört zu werden? Müssen wir denn gehört werden, um verstanden zu sein?«

Thomas stottert los und bringt schüchtern die Idee hervor, wir könnten uns in der Stadt auf solche Weise bewegen, dass man von selbst auf das kommen würde, was wir formulieren wollen.

»Paranoisches Ballett?«
»Er will wohl den Lassie machen, der Kleene.«
Ich verteidige ihn, indem ich sage, wir täten das ja schon die ganze Zeit und es fruchte nichts. Thomas' Paranoia scheint mir nicht so weit von unserem ganzen Unterfangen entfernt, nur dass er im Kopf ein Streuner und kein Heimwerker ist.
»Dann ist es nicht falsch, hilft uns aber trotzdem nicht weiter«, sagt Neomurr.
Bob Tale übernimmt das Wort und verliest das Protokoll zur Praktischen Anwendung.

> »Nachdem unsere Couch vom leckenden Dach die Schimmelfäule zu bekommen im Begriff war, beschlossen wir, unsere Theorie zunächst am eigenen Dach auszuformen. Wir sind Freunde der Trockenheit, keine Freunde des Innenraums. Wir wollten überall sein, aber nicht nass werden. Wir würden die Florida-Rooms also so bauen, dass man nicht weiß, ob man draußen ist und hineinsieht oder drinnen ist und herausschaut. Wir trotteten über den Damm auf die Baustelle, um Baumaterialien zu beschaffen. Es war kein Statement. Wir nahmen die Bretter, wie der Boden den Regen nimmt. Dass wir etwas von Staatskunst verstehen, darf man unter Surplus behandeln, die Bretter kriegt ihr nicht zurück. Dann kam die Bauhaus-Truppe.«

»Die Bauhaus-Truppe?«, fragt Thomas irritiert.
»Ein hypertrophes Kind treibt mit seinem Stock seinen Reifen, zwei oder drei Wechselreifen auf dem Buckel, da sie nicht so leicht mehr aufzufinden sind, das ist Bauhaus, der Kern des Übels«, erkläre ich.

»Warum sind wir so gegen das Bauhaus?«, fragt Neomurr.
»Diese Gespenster können nicht sterben, weil sie alles richtig gemacht haben.«
»Du magst sie nicht.«
»Sie stellen dir die allgemeine Verquaderung* dar, den Pensionisten jederzeit mit dümmlichen Sprüchen zu Diensten und immer vor allem korrekt.«
»Immerhin haben sie gewirkt – mehr, als man noch von einem einzigen unserer Centîme-Sentenzen sagen kann. Die Bauhäusler können nichts dafür, dass die Zeit so geworden ist, dass sie nicht mehr dem Durst das Wasser reichen können.«
»Das stimmt wohl, aber es ist kein Zufall, dass sie nicht vergessen sind. Ihre Ideen wurden von tausenden flachen Gemütern zu selbstverständlichen Unverständnissen verbügelt, dafür haben sie selbst gesorgt. Dieser Itten war ein Sektenführer. Muche, warum verschlug es ihn in die Weberei? Weil dort die Weiber waren. Was wurde er? Ein äußerst unauffälliger Professor, den Freskentechnik förmlich faszinierte. Moholy-Nagy? Ein junger, toller Hund, ein Hut mit neuen Tricks, der ihm den Schädel übergoss, keine Geduld. Und dieser weinerliche Feininger? Er kam, um die Geliebte hier zu treffen, und während sie hämmerte, verklärte er die primitiven Kirchlein der Umgebung. Daraufhin wollten sie ihn alle heiraten. Die Freundin war vergessen, Feininger, strichelnder Nichtsnutz, wurde promoviert. Und dann verordnete Gropius, der fleißige Politiker, dass man Werbung machen müsse vor allen Dingen. Jetzt lungern sie, entgeisterte Gespenster, begraben unter den Produkten ihrer Werbung – Beliebigkeit, Kontrolle und Begeisterung im Rahmen der Regeln.

* Vgl. Stolterfoht, das nomentano-manifest, Verlag Peter Engstler 2009.

Symmetrie ist ihnen angeboren wie dem Nächsten: ein kümmerlicher Instinkt. Man stellt die Bierflasche nicht überall ab, und geraucht wird in dem Viereck, wo die Raucher schon von weitem sichtbar sind. Das ist von der Schule guten Designs geblieben.«

»Ich verstehe«, beendet die Halbschäferin das Thema, »das Bauhaus trifft bei uns auf eine wunde Stelle, wir hassen sie, weil sie unsere Liebe enttäuschten und, meinen wir, verrieten, noch bevor wir auf der Welt waren. Es waren aber schwierige Zeiten, auch für Ästheten.«

»Na, aber jetzt sind sie ja Gespenster«, sage ich, »jetzt können wir doch Bandenkriege mit ihnen führen.«

»Ja, wenn sie mitmachen«, warnt der Angorafilz, »und nicht wie Spielverderber zur Klage greifen.«

»Lassen wir es drauf ankommen«, sage ich, »Hunde dürfen doch nicht einmal in den Gerichtssaal.«

Bob Tale nimmt das Papier wieder zur Hand und verliest weiter das Protokoll. »Es ist ohnehin zu spät!«, bemerkt er, »wir haben uns ja schon gekloppt:

> Die Bauhäusler kamen, in jeder Hand eine geometrische Form, mit der sie unsere Augen ausstechen wollten, wie es Infanten mit Keksteig tun. Wir hätten ihre Materialien gestohlen und pervertiert. Ah, aber wir verjagten sie mit Kläffen und unerhörten Winkeln. Organische Formen sprudelten aus unseren Mäulern, orientalisch leckten unsere Zungen Blut von den selbstgeschorenen Schädeln der Bauhäusler, die sich nach und nach in ihren logischen Strafen verhedderten oder hängenblieben an Geraden und von sinnlos formreinen Formen baumelten. Sie hatten kritisch an unserem Florida-Room gezupft, dieses war

über sie hereingebrochen, und unser Nichtbestehen der Statikprüfung begrub die Begutachter in einer riesigen Katastrophe. Hunde sind keine Häuselbauer, Hunde sind Architekten von perfekten Katastrophen. Die Bauhäusler nahmen ihre halbkreisförmigen Bowler, bedeckten damit ihre Glatzen und gingen dorthin, wo die Sonne nicht scheint. ›Schließt die Kunstwebereien! Baut Rennbahnen!‹, riefen wir ihnen hinterher, noch etwas in Hitze. Dann schämten wir uns und machten weiter.
Auf der Baustelle fanden wir etwas Köstliches, trübes Plexiglas. Da liegt fehlender Durchblick wie ein kreischender Kranker. Jedes Kind erkennt diese Sache: Vergilbung. Uns war die Krankheit von den Ahnen her vertraut, deren Balladen wir noch erlebt hatten. Hart und wahr, nicht mehr veränderlich. Wie vertrocknete Brotkanten schon beinahe ganz der unverlässlich changierenden Schimmeraura der Verführung entledigt, trotzdem weiter am Leben. Was nach dem Schimmern so bräunlich trübe nach und nach hereinzieht, ist etwas Neues, etwas ganz Anderes, die Erotik des Begreifens und Beginnens, nicht mehr die kirchliche Lockung des Nichtfassenkönnens: was gefühlt wird, wenn ein Kopf sacht auf Beton trifft. Erkenntnis geht vorbei, kein Diener, kein Feind, es sind viele Änderungen, die mehr wie eine Welle erscheinen denn wie ein Erdbeben, das eine Flutkatastrophe hervorruft.
Die Verteilung der Scheiben ist auf der Welt sehr ungleich. Es gibt nur halb so viele, wie man glaubt. Man darf ja auf allen Seiten herumgehen und vergisst in seinem vielen Beinweh, dass es trotz allem immer nur

eine Seite auf einmal sein kann. Das Trübe wird nicht einmal, wenn Mächtige es wollen, unsichtbar. Es ist gerade unsichtbar genug, um durchzugehen, und hinterlässt dabei zwillingshaft höhnende Ahnungen. Es breitet sich von beiden Zentren in mehrere Richtungen aus, stufenlos Kanten überlaufend, um graduell nicht zu stören, was sich unbesehen daranmacht, die Welt zu überfahren wie Luft. Das Trübe ist unregelmäßig, und deswegen meinen wir, klar zu sehen, wo es bloß etwas weniger trüb ist. Das ist – damit es keine Missverständnisse gibt – das Gute am Trüben, seine kräftigende Wirkung.«

Hier muss sich Flor Grandville wieder einschalten: »In jedem Schaufenster spiegeln wir uns, meine verehrten Katzen und Hunde, sehen wir uns an: Wir sind eine rastlose, tatenlose Armee. Wie wir lungern, uns fesche Tricks mit Strohhalmen in den Mundwinkeln einüben, träumen, was ist, wenn wir entlassen werden aus dem umhegten Nichtstun der Arbeit für andere oder Arbeitslosigkeit. Wer keinen äußerlichen Auftrag hat und nicht dabei ist, als Kapitän seines Scheiterns über unbezwingbare, nur durch glückliche Hand navigierbare Meere aufzubrechen, lugt mit Gespensteraugen auf das, was man Leben heißt: Kätzchen in Gläsern zu hegen in Café und Heim, Kinder zu elevieren auf Wiesen und dann in die Kleinhöllen der Kitas zu kippen, dort später abzuholen und ihnen einzutrichtern, es sei nichts Böses. Anderen die Angst auszutreiben ist die Staatsaufgabe der Servicebranche, auf deren längerem Ast wir sitzen und unsere Schweineohren kauen. Nein, wir wollen uns nicht ausnehmen, denn wir leben von eurer Gnade. Wir sagen, dass wir uns mit euch vermengt in den Auslagen spiegeln

sehen, und wir spiegeln euch in der Seele, und es schmerzt, wie ihr euch gürtet und reckt und nachts in die Zahnräder der Beziehungen streckt.
Bei den Gürteln wollen wir euch packen, in die Höhe heben und schmeißen!
Bei den Höhen, die ihr erreicht, wollen wir euch nehmen und durchschütteln!
Mit den Zahnrädern wollen wir euch zwicken und beißen, bis ihr ablasst von eurer angeblich belohnten Verständigkeit!
So. Merkt ihr, was unsere hündische Arbeitslosigkeit für Kraft hat, wenn wir sie nur zusammennehmen?«
Nun will Lieselotte, der Angorafilz mit dem unerhörten Schädel unter dem zeusischen Nebel ihrer Haare, zum Text zurück:

»b) Das Orgon der Straße –«

Da kommen aber drei Neue von draußen herein, Rigaer Hunde, denen schon manch einer auf die Füße getreten ist, und finden keine Ruhe, bellen und stänkern mit knurrendem Halswerk, japsen zwischen uns ins Leere, schütteln ihre Läuse ab.
»Stößt du meinen Artikel um? Komm nur, sicherlich ist er falsch, wir sind ungebildet, he, he. Wir brauchen keine Schule, wir sind auch so ungebildet!« Ein falsches Lachen, das auf seine Bestürzung wartet. »Bald lachst du auch so, wenn du brav lernst.«
»Ich träumte«, fängt der andere an, »von einem Witzebuch, lauter lange gute Witze, oder las ich es vor dem Schlafen?« – »Mumgen frum kommke di donkiftepol frehm.«
»Frehmke?«
»Emko!« Schallendes dickes Gelächter. Nun, nachdem sie

uns plattgemacht haben, können sie ihre gute Laune auspacken, als hätten sie die einzige.
»Na ich weiß, ich hatte vor dem Schlafen in dieser Rezension eines Mathematikerscherzes von Poesie geschwärmt. Begriffspaare, Logik und Mathematik, Begriff und Syntax, System und Syntax, alles konnte ich begreifen, indem ich es als Witz begriff.« Die anderen beiden stutzen offensichtlich, bleiben aber in ihrer Unterstützung ungebrochen. Mir kratzt der Hals.
Ich huste.
»Ein Nicken löst alles aus.«
»Was alles?«
»Na, du siehst es ja. Das alles.«
»Ein göttliches Nicken?«, frage ich vorsichtig.
»Ja. Das heißt ein sehr mädchenhaftes Nicken. Du weißt, wie Mädchen manchmal sind, wenn sie gerade einen Film gesehen haben. *Mhm*, in Großbuchstaben. Die Bestätigung ist gleich ein Hereinholen in die Verschwörung, welche immer breiter wird. Die Freimaurer –«
»Die Freimaurer?!«, frage ich.
»Die Freimaurer sind auf dem Weg dahin, die großen Mädchen der Welt zu sein. Sie sind es schon, mein Freund. Die Welt wird in ihren menschlichen Belangen von ein paar altklugen Zwölfjährigen regiert.«
»Schon wieder dieses Lachen. Wo hast du denn das gelernt?«
»Bei den Hyänen, haha.«
»Sind das auch Mädchen?«
»Aasfresser, yuk yuk yuk. Friss mein Aas. Haus hast du keines, Tittenzwacker. Zurück zur Einschätzung, Einscherzung. Ahem. Sie geht davon aus, alles sei eine bestimmte Art von Scherz, was für eine, könne man sich aussuchen. Die Under-

dogs, die die Gemütlichkeit lieben, können sich in einem Lebensscherz einrichten, die Obergescheiten lieben sich darin, wild herumzuübersetzen. Poesie ist ein Geld, ein Mittel zur Verharmlosung von Leben. Womit man einen armen Hund halt so quält. Erinnert ihr euch an den Zeichentrickfilm mit Goofy auf dem Eis? Der war so dermaßen total obdachlos, und sie haben ihm noch seine Poesie rausgenommen und verkauft. Er rutscht noch heute heillos hin und durch, wenn er nicht gestorben ist.«
»Hust. Es ist ein Zeichentrickfilm, Dummchen. Das hat sich wer ausgedacht und mit viel Mühe ins Leben überhaupt erst hineingezeichnet.«
»Und wenn es nicht wahr wäre, Bolpo Foxy, wie könnten wir es dann erkennen? Mit deiner Erklärung können wir abstrakte Kunstfilme ansehen. In ihnen leide ich mit den Quadraten.«
»Geh, steck den Kopf in einen Komposthaufen und komm zurück, wenn die Ameisen dir erklärt haben, was Quadrat, was Kitzel ist.«
Die bösen Hunde schwirren wieder zur Tür hinaus. Lieselotte lächelt und macht weiter.

»c) Outrage
Ein Hund soll mit Fleiß vorzeigen, was er ist, denn wenn er es nicht vorzeigt, ist er es trotzdem und kann dafür gerügt werden. Wer geht schon gerne durch die Straßen in der Ahnung, sein bloßes Sein sei ein Grund, vom Nächstbesten verprügelt zu werden? Und da verprügeln als einbläuen gilt, seit es organisierte Mächte gibt, schreit das eingebildete Opfer vorschnell: ›Ich weiß!‹
Es klingelt: Wer gewinnt, gewinnt. Wer verliert, ver-

liert. Kronen der Syntax. Glocken in den Ohren der Warane.«

Was sind die Warane? Sie sind Sofas den Lehnern, Sehnen den Läufern. Einarmige Banditen, die immer das Gleiche sagen, was nur zweierlei bedeuten kann. Beschäftigung. Lichter, die sich einfügen. Ob man gewinnt oder verliert, es gibt die kleine Satisfaktion des Einrastens. Das Geräusch, wenn ein Laut auf ein Ohr trifft. Deswegen Geläut. Deswegen sagen wir »jemandem das Geläut geben« für »bimmeln«, »sich klöppelmäßig betätigen«. Obs zur Tür hinausdrängt oder willkommen heißt, kann niemand mit Sicherheit sagen. Ob wir geheißen wurden, genau das zu tun, was wir tun, oder freiwillig sein Gegenteil tun, es erscheint harmlos (»im Bereich des Harmlosen« sagt, wer wittert, wie gefährlich es ist, von Eigenschaften zu sprechen) und bleibt locker verdeckt. Heißt das, es wird verdeckt, oder es verdeckt sich selbst? Beides. Es ist ein Glied, das sich mit keiner der Bewegungen, die erlaubt sind, befreien kann. Ein freies Glied im Rechtsstaat, welches gesund und kräftig bimmelt. Es zeigt, was leider der Fall ist, bestätigt das noch in allen erdenklichen Befreiungsversuchen. Es bestätigt, dass nichts anderes der Fall ist. Geläut machen wir selbst viel gegen die Warane, was ganz für sie wirkt, in ihrem Sinne. Da es sie nicht gibt, kann es ihnen weder zum Vorteil noch zum Nachteil gereichen, es hängt bloß mit ihnen zusammen.

»Hunde sind die Stasiagenten des 21. Jahrhunderts, sagte ein bedeutender Mann, denn wir brauchen kein Wissen mehr. Oder sagte er, die Agenten sind Hunde? Er sagte auch, wer die Zeit an sich vorüberziehen lasse, sei in Gefahr. Genau genommen hätte man sich Mühe

geben müssen, zu verhindern, dass Äußerungen, nichts besagend im Sinne von Ziegelverkauf mit stumpfen Klingen, später als stumpfe Sinnsprüche über den U-Bahnen hängen. Unter Tag braucht es verbindlichere Parolen. Man verlasse sich im Notfall auf die Hl. Barbara, nicht auf Gorbatschow. Doch davon soll, wer auf Bahnsteigen dieselben Bodenbeläge wie in Supermärkten betrippelt, nichts ahnen. Bis auf weiteres soll die selbstherrliche Einzelperson Müll trennen und bei den Rolltreppen mit anschieben. Wer sein Sein nicht als Makel der Gegend sieht, ist schon ein kleines Ganzes und ein kleines Problem.
So lasst uns bellen und einen Aufstand gegen das Misstrauen proben, das jede zaghafte Regung niederringt. Wir sind mutig, wir haben nichts zu verlieren, also machen wir!«

»Was heißt das?«
»Wir beißen alle, die uns misstrauen.«
»Gut, los.«
»Es ist leicht«, wirft die Halbschäferin grimmig ein, »auf das Übermäßige zu schauen und als kleiner Nietzsche zu tönen.«
Wir stürzen uns auf sie und beißen und beißen.
Ach, dann befällt uns eine Trauer, als wir die Halbschäferin sehr gebissen haben, aber in unserem Denken nicht weiterkommen. Wer soll sich da auskennen? Auf jeder Seite ein bis zwölf Gebissene, doch wozu, warum? Kleine Andeutungen, warum? Große, fragende Augen, warum? Die Wahrheit sagt doch keiner, alle sitzen sie in ihren Körpern und lügen.
Wir fürchten alle, missverstanden zu werden, wir denken, dem anderen sei sehr wenig verständlich, sich verständigen

heiße bloß, zu reduzieren, bis so wenig überbleibt, dass man sich versteht. Wir schweigen lange, und dann schieben wir eine beengte Nacktschnecke von Phrase aus dem Maul. Wir blicken enttäuscht auf sie, und es fällt uns nichts Besseres ein, als sie so zu lassen.

Nein! Protestierend geht einer hinaus, das bin ich und knalle die Tür. Endlich eine Tat. Wo ist er nun? In der sanften Natur ist er, sie streichelt ihm mit ihrem Brimborium, ihren werbenden Blättern in zarteren Farben, als Worte je sagen können, die Waden, und bald kommt er wieder herein, gestärkt gegen die Worte, seine Empfindlichkeiten aufgezehrt im Wahrnehmen dessen, was schon in Ordnung ist, das heißt, für dessen niedere Gesinnung wir nicht verantwortlich sind.

Das Wort. Ist es ein Machtwort, wird es schnell pluralistisch zerhackt, damit alle ihre kleinen Hütten damit heizen können. Was sich im Herdfeuer andeutet, wird nur bei Laune gehört, in Familienstreiten von einer Partei gegen die andere verwendet. Das Wort ist nicht von anderer Qualität als das Innere eines Schuhs. Seine Besonderheiten bestehen in Stinken und unnachahmlicher Schmiegsamkeit.

> »Das Wort, nicht mehr prächtig, sondern suggestiv, löst langsame, leise Katastrophen aus, Massenhysterien, Trends, selten Reparaturen, nie beginnt etwas. Und die Bauwerke tragen die designschimmelnden Antlitze von Versehen.«

Wilde und mutige Entscheidungen wollen wir treffen.

Etwa beschlossen wir, Florida-Rooms zu sagen und nicht Florida-Räume. Warum? Weil man es besser heulen kann. Und doch musste wieder jemand einen Dachboden darum bauen.

Noch während wir heulten, kamen sie mit Brettern und Eisen und nagelten eine Art Wintergarten um unser Heulen herum. Da heulten wir natürlich noch ein bisschen lauter.
Und wir beschließen, aus dem Text herauszugehen. Einfach ist das für einen Hund, er schlüpft hinaus, während die Rede weitergeht, niemand bemerkt es. Ein wenig herumlaufen, Luft atmen, Perspektive gewinnen, wieder verstehen, warum der Hund von Welt gezwungen ist, sich mit diesem Thema zu beschäftigen. Und dann von woanders herannahen, einer Ausrede auf der Spur, die eine Gefahr sein könnte.

»d) Um verblichene Ideen herum«

Sie stauben, um uns weich zu betten, kommt mir in den Sinn, als ich die Friedhofstore in Gedanken durchschreite. Weder verbleicht ein Lebewesen noch eine Idee, sie stirbt oder lebt, und jede Ohnmacht ist eine Frage von Minuten. Aber die Sicht wird ohnmächtig durch die Entwicklung. Das bewegte Auge sieht alles starr dastehen, schrickt zusammen und bewundert. Was einmal das Herz eines Bergs war, zum Beispiel, ist wenige Jahre später ein Blech. Dazwischen hatten Helden damit zu tun – Sklaven von Bergarbeitern, ein Napfingenieur und einer von oben, wo es presst, und nun stehen wir vor dem Ergebnis. Die Idee erbleicht vor der Wirklichkeit, die sie angerichtet hat.
Die Idee wird immer lebend begraben – sofern eine Idee denn lebt. Nur im Ungelebten lebt sie noch, da wir gedenken, auf ihr nicht gelebtes Leben zu pochen, wie bei Revolutionshelden und »den Leuten«, den Angestellten, deren Leben sich dazu verwendet, die Idiotie zu schmieren. Als verhindertes Potential kitzeln sie: die lebendig begrabene Idee, das unvollendete Genie, der ausgebeutete Kadaver. Sie fordern alle auf,

was ihnen an Leben bleibt, jetzt endlich zu ergreifen. Ich verlasse den Friedhof und kehre zur Versammlung zurück.

»Das knappe Rührstück reizt zur Tat. Gezappel um ein totes Herz herum macht Spuren, für deren Unmusikalität sich eine Naturkatastrophe schämen würde. Wenn auch das tote Herz die es umtanzenden Gliedmaßen foppt und neppt und im entscheidenden Schwung behindert, wird doch eine lebendige Idee sich auf einmal gewaltig erheben, und der Suff wird von uns abfallen wie Schaum und Muschel von der Aphrodite, als sie dem Meer entrann.

Da wir hier unter den schlafenden Steinen, dem radioaktiven Styropor, dem der tragischen Liebe entrissenen Asbest, nicht sehen, welche Idee tot, welche lebendig ist, da alles so blind vor sich geht, müssen wir uns erlauben, Dinge zu sehen, die nur der Verliebte sieht. So werden wir daran irre, indem wir alles sehen; unsere Köpfe werden den Bauten der Elstern ähneln, die alles mögen, was ihren Augen gleicht. Von Ecke zu Ecke werden wir uns schleichen, wir werden treiben wie Quallen um die steinigen Küsten. Auf einmal wird sich, wie gesagt, der Spalt in unserer Mitte zur Fontäne erheben.

c) encore Outrage

In der Architektur zeigt die Outrage ihr Gesicht. Was nicht überdeutlich ist, gilt nicht im Reich des Clownesken, wird stillschweigend verwendet. Wer etwas formulieren kann, kann sich darüber aufregen. Die ganze Welt wird so hysterisch und machtlos regiert wie ein WG-Kühlschrank. Der Charme rettet lediglich den Charmeur, als würde er sich mit einer Nagelschere in immer weiter klaffender Angst aus dem Bild ausschneiden.«

Neomurr kann sich nicht mehr zurückhalten, muss unseren verblichenen Text übertrumpfend verdeutlichen: »In der Architektur zeigt die Outrage ihre rosanen Sohlen. Was dasteht, kann sich ja nicht verbergen, ist eine nackte Fassade, fleischfarben, pudersprühend wie ein prüdes Hintennach. Und ewig gehen wir an diesem Rand entlang zwischen dem Unmöglichen und dem erstaunlicherweise leider Möglichen. So viele Plätze, und klein ist immer der, der sie entlanggeht. Er darf da gehen, um klein zu sein. Seit der Stuck den Mädchen gehört, damit sie Cafés aufmachen, will alles Doofe hervorstehen und Schmuck sein, so schlimm und bar jeder Idee es auch ist. Wie aus Panik versuchen Gebäude dabei, glatt und einfach zu sein, und helfen nicht, und werden schnell alt, und im Alter nur schwach, anders als Steine. Kein Steinmetz weit und breit, kein Gebäude, das sein eigenes Alter überleben wird, sie sind da, um schnell zu verblüffen, und den Nachkommen ein schlechtes Omen. Das Werk von heute lehrt den Architekten von morgen abreißen. Man sieht gleich, hier ist nichts Besonderes, nur ein bisschen Geld. Nimmt man ihm die Elektronik weg, ähnelt ein postmoderndes Gebäude einem Teenager: eine Larve mit auffallend Ellbogen und Knien, alternativ nur schlaffe Weichteile mit Theorien, eine Idee übertrieben, des Einhaltegebots harrend, durch Regeln und Gesetze im Weitermachen gestützt. Wo sie kann, entweicht die Idee aus diesen zugigen Beziehungen. Nicht die Skizze wurde zu einem Gebäude gemacht, es wurde das Gebäude, recht notdürftig, zur Illustration einer Skizze – ausprobiert.«

Wir sehnen uns jetzt alle nach Substanz, eine Unruhe breitet sich aus, jemand fragt: »Warum ist Theorie notwendig?«
Einer antwortet: »Man muss es immer sagen, sonst weiß niemand, dass man es weiß.«
Solche Sätze sind schon Resultate.
»Als Crêperie«, schwärmt die Halbschäferin, »ragte in den Neunzigern ein Nichts in den Himmel und nahm mangels Widerstand alles ein. Erinnert ihr euch? Süßlicher Fettdunst mit Puderzucker, Provinzschönheit, die mit zwei Sätzen Proust protzt, so könnte man es vielleicht beschreiben. Hier ein Fenster, dort ein Fenster, in unterschiedlichen Farben, mit dem Geometrieverständnis einer Kindergartenpute. Sichtbare Absicht, ganze Gedanken sind erfolgreich vermieden worden. Da ist etwas wie Angst im launischen Sprenkel zu riechen, im bunten Kunstberglein, das zackt und Kasperle macht, damit die Kellner im Schatten abrechnen können.«
Wir schweigen. Wir kennen alle die Crêperie von irgendwo, haben uns eine Weile von erbettelten Teigresten ernährt, bis wir merkten, wie es uns die Mägen verklebte.
Lieselotte lächelt und liest weiter:

»*e) Spiegelung des Gebäudes gegenüber*
Manierenlose in teuren Kleidungsstücken winken sich mit Brocken von Fernsehtexten zu. Alle lassen sich gehen, denn Manieren machen den Subalternen, zeigen die Fesseln der Noblesse. Wer wirklich nichts zu tun hat, balanciert Hamburger Händlerlaune (als wärs für Kenner ein Leichtes) auf Frankfurter Schuhwichsedosen (als wäre alles in der Klemme) und schrammt, um es schummrig zu halten, auf der Gitarre. Wer kann, hält sich ein Laptop, in dessen Leuchten Mitschüle-

rinnen ihre blödsinnigen Sehnsüchte hauchen. Wer es sich erlauben kann, sieht nicht in den Spiegel, wer muss, umgibt den Spiegel mit Bildnissen, die dem Spiegelbild zum Verwechseln gleichen.
Das Eigene ist, was ein Heimwerker gegen draußen abdichten kann. Nur der Sonnenschein soll hereinkommen, sich vorher die Flammen abstreifen. Der Herd des Florida-Rooms ist ein Heizstab, der nicht um seine Verwandte wissen darf, eine dunkle Dichterin im Keller, die aus dem Surplus artikuliert und Sinn produziert. Alles kreist darum, sie isoliert zu halten, denn verbände sie sich mit der Außenwelt – Explosion! Dann begänne der große Natascha-Tanz, der düstere Blick Auge in Auge; Denken, Ruhe breiteten sich aus. Ansonsten ist alles normal, drinnen ist bloß eine Abteilung, eine Ableitung, eine Verniedlichung von draußen, vom Nächstbesten von draußen, auf Werbung, Nichten und Onkel angewiesen und drückend vererbt an diese. Übern Damm sind Feinde, so weit weg, dass man einander feindselige Gesichter nicht erkennen sollte. Und die Scherze der Parzellisten sind Haie, der Haie leise Spannung, denn die Pointen sieht man nicht, und in den Perlen spiegelt sich nichts. Die Architekten hassen, was sie bauen, denn es macht Kopfweh, dieses langatmige Rennen gegen die Täuschungen der anderen.«

»Konstatiererei!«, ruft da Neomurr, an einem Nerv getroffen, den wir an ihm gar nicht kannten. »Lasst sie doch selber im Entfliehen des Kopfwehs auf die Güte, die Ruhe, die Steinmetze kommen. Lasst sie vom Suchen des Dunkels der Zehnerjahre auf die Feste der Liebe kommen. Wo bleibt die

Liebe? Die Dichtung? Die kluge Liebe außerhalb der Familie?«

Wir lieben ihn schon. Lieselotte insbesondere hat ein riesiges Grinsen auf der Fresse, und ich trage den letzten Abschnitt unseres bisherigen Werks vor:

»*f) Planen*

So scheint es eine Aussicht ohne Ausweg zu geben, oder, nüchtern betrachtet, ist da wieder einmal eine Straße, die an zwei Seiten davonführt – da wird das Wesen moralisch und wendet seinen Blick hinauf zu den Tauben unterm Dach – diesen schmucken Musliminnen unter den Vögeln.

Hut oder Wut. Der junge Mensch zögert an der Schwelle.

Es gibt Spiele, die das alles bewahren, nicht nur Dichtung, auch Umgang weiß mehr als das Gesetz. Im Kleinen ist alles lebendig, was im Großen nicht zu denken gewagt werden darf. Das Große muss unfrei sein, muss hören, muss mit der Statistik trinken und sich von ihr durch Nichtsein unterscheiden. Im Großen stirbt der Scherz, das Wort wird faul. Aber etwas geschieht in den Straßen, seht! Was sich duckte, wird lebendig, trotz der sich ein- und ausfahrenden Haltung, trotz des Lohn- und Kaufverhältnisses sprechen die Mieter Poesie. Die Steinklopfer in den Straßen klopfen in der Sonne, können aber auch im Regen mit einem Hammer umgehen. Mit der Zeit ist viel angedeutet worden, nur noch wenige Striche brauchen verbunden zu werden, und das Wesen steht auf, ein Drache der Freude, etwas, das beginnt zu segeln, weil es beginnt zu rauschen, und aufsteigt und liebt, wo die Machtmaden nach den Anwälten rufen und fuchteln und ohnmächtig werden und, in die Ecke gedrängt, ohne Plan greinen. Hört! Hört die Hässlichkeit krachen! Was Anwalt war, pflegt jetzt die Alten und wird glücklich wegen Glück. Hört! Hört die Blödheit sich belehren lassen, und Ingenieure lesen Dante, wie immer, und Studenten studieren ein richtiges Werk und staunen und hören sich um, wie es redet für sie, gegen sie und mit ihnen, und sie auf jeden Fall mitnimmt. Hört! Hört die Einsichten platschen und saftige Waden und Watschen sich biegen und schmiegen, Fenster sich schmiegen an Augen und Wangen und Münder versiegen und hören, Münder erliegen und sagen: ›Ich mag es verstehen.‹ Überall streckt es kleine Dächer aus, gefertigt aus gutem Stoff, für Fremde, gegen die Unbill, es wird nicht unterbunden. Hört!

Planen, Planen, sie rascheln, versprechen Wangen, Fassaden, sie lasen Tropfen und tropften, lasen Waren und waren. Rasant, flatterten, gifteten, strömten etwas aus wie Schutz vor Schutz. Immer noch hingen sie an den Ösen, knatterten ihre Hinterteile wie von gegenüber, der Palme der Hand der Vergolderpuster des wonnemorbiden Tags. Sah ihren Flaum in mir, ihre checkenden Fluoresken erneut in der Blähung. Sie sind so beeinflussbar! Aufgezogen, eingeschüchtert, blatant, filigran, geworfen, ein Himmelreich, eine großflächige Plakatwerbung. O Wangen der Städte, temporäre Wangen der Städte, erkennt euch im Regen wieder, kennt eure Gefühle!«

Ich habe dieses leidenschaftliche, tosende, parteiische und doch so sanfte Ende laut ausgerufen. Ich bin dabei aufgestanden, vor, neben und hinter der Couch auf und ab gegangen, und die letzten Zeilen habe ich, die Vorderpfoten auf den Rücken des Polstermöbels gestützt, weit über den Horizont des kleinen Raums hinausgebellt, und nun, da ich um mich blicke, sehe ich, dass alle Hunde schlafen. Draußen hängt noch schwaches Glühen über der Bahn. Ein Pfleger ist auf dem Weg zum Springbrunnen, um ihn abzuschalten. Das meiste muss ich geträumt haben.
Ich schlucke.
Ich beschließe, nun auch einzuschlafen.
Doch die Dämmerung ist wach. Und nicht vom lullenden Indigoblau, das erlaubt und einlädt, die Lider geschlossen zu lassen. Sie ist braun, kratzig, gefährlich, kühl und hellwach. Sie verachtet den nicht, der nicht ihr Zeuge ist, aber dieser verachtet sich selbst so sehr, dass das Einschlafen unmöglich erscheint. Der Zeuge bin ich. Es bleibt mir nichts übrig, als meine Augen wieder zu öffnen.
Die Pfoten liegen aufeinander, voll von zermürbtem Schotterdreck. Am Rand des Schlafs fällt einem Offensichtliches auf. Alle meine Locken sind noch feucht, und es stinkt unter meinen Achseln. Leise springe ich, leise gehe ich, leise schließe ich hinter mir die Tür.
Ist das die letzte Tugend: ohne viel Aufhebens zu gehen?
Die letzte Tugend, die ich zerquetsche, indem ich sie anpreise, wird noch vom scheidenden, im Übrigen wenig tugendhaften Hund so zurechtgelegt, weil er sich davonschleichen will, ohne in Versuchung zu geraten, wiederzukehren.
Je mehr ein Hund reist, desto weniger Tugenden behält er. Er sieht sie, wo sie in der Umgebung ruhen, und versucht nicht, sie an sich zu reißen. Schließlich bleibt sein gutes Herz

alleine übrig und harrt des Missbrauchs und der Eroberung. Deswegen nennt man einen, dessen Tugenden niemandem nutzen, einen Hund.
Ich gehe und gehe, nach Norden, warum nicht? Man sagt, es gibt dort heiße Quellen, Duschen, die aus dem Boden sprießen, Teppiche aus geschmolzenem Magma und Nordlichter, die das Bröckeln der Putzfische in den Tiefen der Meere reflektieren. Sicher werde ich bald sterben, und dazu will ich gerne in eine heiße Quelle gehen. Der Gedanke verfolgt mich, während ich den Mariendorfer Damm hochlaufe, den Tempelhofer Damm und noch ein paar verdammte Straßen, alle nach irgendwem benannt, dessen Name auf seinen Gütern ruht. Sie sind von Lichtern gesäumt, die sich zu Clustern von Banken verdichten wie die Mascara einer sparsamen Tunte im Negativ. Die Quelle schwebt vor mir her und unterhält sich mit mir, ein leutseliges Gespenst, auch wenn ich nicht verstehe, was sie sagt. Der Ursprung der Quelle verdeckt den Mond, der in Wallungen ihr Haar kämmt und fönt und onduliert, was sich für mich delirierenden Schlafentsteiger mit der Sprachmelodie der Quelle verwirrend vermischt, wie wenn eine Ente über eine vom Wind gewellte Oberfläche gleitet. Oder etwas in einen Teich gefallen ist, ein schwerer Gedanke etwa, der sogleich auf den Grund sinkt, und eine Ente schwimmt darüber hin und blutet, da die Wasseroberfläche aus Glas ist. Ein einziger großer Reiz in mehrere Richtungen, durchkreuzt von realen Einschüben. Sie drücken die Quelle beiseite, welche mit einem verständnislosen Gurgeln verschwindet. Seichter alter Gral.
Sollte ich diese letzte Quelle auch nicht mehr wollen?
Wolle manche Strecke, strecke das Wollen, am Strecken verscheide. Würge den Finger, der dich strecken will! Ich begann, um die Laternen zu kreisen. Bäh, bäh, bäh. Kleine

Speibe Licht, Unflat Menschlichkeit. Weine am Leibe, leide am Weinen. Beinkleid voll Kleinkind! Wo ich hin will, ist so weit weg, dass die Sehnsucht einen Windelkacker großziehen könnte, bevor ich die Quelle meines Trinkens, die Quelle meines Todes erreiche.

Ich kreise, wie ein Fingernagel sich um den Pickel schmiegt. Ich kreise, wie hämische Stahlwände um eine Geburt. Ich kreise und kreise.

Wie die Nacht mit ihrer Indolenz auch alle meine Gedanken grau wie alternde Gürkchen macht. Rein und stereotyp pikant, eine märchenhafte Stelle bedeckend, die ich dachte ganz hinter mir gelassen zu haben: die Augen.

Die Augen vom Gurkendruck wässrig, der Mund eine versperrte Tomate. Fleisch-aus-Styropor. Psyche – ein Sandwich. Und der Mond hängt teilnahmslos daneben. Was ich für Emotionen hätte? Alleine? Gebt mir Lava. Gebt mir eine Wüste für ein Blatt, fragt mich, was ich sah.

Ich sah Igel die besten Müllstücke ihrer Generation zu beiden Seiten ihres Trotts in den Rinnstein zurückwerfen, aus dem sie unvorteilhaft hervorstachen.

Ich sah die dunklen Ränder unter den Altglassammelstellen.

Ich sah die Sterne verblassen, als ich in die Nähe der U-Bahn-Station kam.

Ich sah die Klarsichtfolie von einer Supermarktpalette durch den Park wehen und fühlte, wie sie mir über den Mund fuhr.

Ich sah meine eigene Schnauze, und dann ist Schluss. Ich ziehe im Tempo mächtig an und rase durch die Nacht wie Diplomaten im Wagen. An den Fenstern fliegen Bäume und Häuser vorbei, die eine oder andere helle Wohnung, von der mein Blick fortschnellt, voll gemischter Gefühle, die mein Gehen noch antreiben. Aus meinen wunden Ballen, auf denen ich so lange gegangen bin, dass ich sie nicht mehr spüre, schießt Schmerz wie Peitschenhiebe durch die Beine. Die gedanklichen Pointen im Strom sind lange Stacheln, die meine Pfoten von innen stärken, aushöhlen, erfrischen – wer weiß, was sie wirklich tun, ich spüre nichts mehr. Ich wundere mich nur, wo die Pointen hin sind, und komme auf keine andere Erklärung. Das Stilett, das an Femuren kratzt. Stilett, das an Femuren kratzt –

Horch! Ist mir das nicht bekannt? Vom Glockenturm die nicht realisierte Einreichung! Libby Walds ewiges Projekt. Mit der Vision von ihrem ersten Modell verfliegt mein Hass auf sie und weicht großer Milde. Ich wünsche ihr, sie möge von ihren eigenen Gebäuden verschont werden. Und doch sind sie vielleicht gar gut. Im verkleinerten Maßstab des Geredes von Libby könnten die Formen, deren Beschreibung leichthin von ihnen abperlte, mit feiner Poesie wirken. Ist Libby nicht einst von selbst verstummt, als wir den Hansaplatz betraten? Korrigierte sie nicht sodann, zu meinem Erstaunen, ihr vulgäres Stocken durch eine glückliche Eingebung von *petit rien*? Erfasste ihr derb federnder, ausladender Schritt nicht plötzlich den lieblichen hinteren Teil des Hansaplatzes zur Perfektion, kurz vor der Dämmerung, wurde ihre ungezügelte Übertriebenheit nicht, in Streifenbeton gegossen, auf einmal stark und kühn?

Doch.

Was bleibt, wenn man von einer Hundeseele die schlechten Gewohnheiten abschält? Das weiß niemand, ob man mit dem, was übrig ist, noch vernünftig reden kann. Nachdem ich durch das von melancholischem Ikea-Trauma verseuchte Gebiet vieler übereinanderstürzender Autobahntrassen gekommen bin – wie Skuas, auf verlassene junge Pinguine aus, rennen sie durch die Luft, nehmen dem Fußgänger den

Atem – und unter den düsteren, genieteten Gürtel der Ringbahn trotte, weht mich Weite von rechts an. Das eine oder andere Taxi biegt, Sternschnuppe, um eine entfernte Ecke. Trübe Tafeln beziehen sich auf die verborgenen Bedürfnisse der Autofahrer und ihrer Wagen. Dann freies Feld.
Hier ist ein Zaun, den zu untergraben lohnte. Und sei es zur Sterbestunde. Nach Island werde ich nicht mehr kommen. So soll der Himmel wenigstens dunkel bleiben, die stechenden Andeutungen eines größeren Leuchtens vielwissend geizig zwinkern, wenn ich, ohne zu klagen, verscheide, die Tapferkeit meine einzige Wärmequelle, die müde Schnauze zu zwei wohlüberlegten letzten Worten erhoben, welche ich vorgeblich an die nicht anwesende Nachwelt im Trotz, in Liebe aber zu meinen eigenen armen Pfoten sprechen werde, die für dieses ganze unselig präzise Wissen nichts können, zur Flucht vor welchem mein zaghafter Geist sie, solange ich lebte, trieb.
Über meine Knochen, die, von Krähen träge benascht (ich wäre mitten im Überfluss an einem Apfel im Maul gestorben, typisch JobCenter), in der Wintersonne bleichen, werden Flugzeuge hinwegrollen, aus deren zum Abschied geöffneten Fenstern Tränen der Abreisenden fließen, aus ganz unabhängigen Gründen, mein großes, windgefegtes Grab unwissentlich verfehlend.
Man wird an meinem Tod die Anekdote suchen, denn an Vermissen ist bei der Distanz, die meine Person unter den Kollegen genießt, nicht zu denken. Eine Pikanterie müsste die kitzligen Wurzeln der Tränendrüsen erreichen. Neomurr wird etwas erfinden, er wird aus mir einen heimlichen Familienvater machen, der bei der Nahrungssuche für seine Jungen von einem großen Fuchs niedergemäht worden ist. Man wird zweifelnd nicken und erleichtert zur Trauer übergehen.

Bildnisse und Widmungen werden sprießen, meinem mich überragenden Andenken Tafeln gewidmet werden. Herbstzeitlosen werden die letzten Spuren der Primelchen zerwühlen.
Wie gerne möchte ich umkommen. Wie bin ich das alles leid, die müßigen Gedanken, denen niemand dankt, am wenigsten ich, den Wind, der mich nicht erfreuen kann, sondern unfreundlich mich andauernd durchsticheln muss, die elende Stadt mit ihrem schlechten Geschmack, ihren miesen Sitten, ihren ungepflegten Currywürdigern, den blöden Einwohnern, den debilen Einwanderern, und nichts Gutem weder im Zerstören noch im Erbauen, und vor allem dieses unerträgliche Wachsein. Bleiben, bleiben, trotz allen Gehens immer am Bleiben sein, nein, jetzt will ich endlich, wirklich, endgültig gehen. Nicht wahr, meine armen, bodennahen Füße?
Sie sind so praktisch, wie sie treu angetan mit ihren rot linierten Staubschürzen über den Boden huschen. Sie tragen mich ja dahin, wo ich aufhören kann.
Doch was ist? Ich habe die ganze Zeit nicht gegraben, sondern bin unschlüssig den Zaun entlanggegangen. Ich armer, kluger Idiot! Wie sollte ich mich dort drinnen denn umbringen? Etwa mit den Pfoten? Verflucht, bin ich harmlos. Mir eine Schlinge aus dem Draht vom Zaun biegen? Nein! Durch Schlingen will ich nicht sterben.
Ich beschließe, weiterzugehen, und hoffe, tot umzufallen.
Als hätte ein chirurgischer Löffel den Hort des Denkmals entfernen wollen, öffnet sich mir ein Platz. Ein anderer Wind weckt mein Interesse. Nutte! Ich seufze. Ich werde noch lange gehen.
Hohe dünne Fenster schielen mich an, Birken tuscheln. Erhobenen Hauptes biege ich in eine Nebenstraße.

Immer gehen.
Maledeites Geschimpfe.
Hell wird es auch nicht, kein Gedanke daran. Verfluchtes Doppelpack; erbarmungslose Nacht, gedankenloser Tag! Gewölbte Höhlung Idiotie, Spion von Ameisengedärmen, Radaranus, fader, Retter von Nichtsen, stets hörig dem letzten großsprecherischen Vollkoffer, der die Straße entlanggetorkelt kommt, dass ich die Mitte des Bürgersteigs verlasse, um rasch im Sitz eine Schaufensteranlage zu studieren. Das Ungetüm nähert sich, die Madonna in der Apotheke schürzt voll Abscheu die Lippen, doch er sieht nur das Grobe, das Ikonische daran, von dem er gewohnheitsgemäß denkt, es gelte ihm, und tritt tatsächlich auf meinen Schwanz!
Ai! Was zielsichere Blödheit, infame Unwahrscheinlichkeit, Kränkung durch Nichts! Ich bin weniger als tot, bin als lebendiges Wesen missachtet! Man hat an mir was gutzumachen! Tausend Antialkoholiker sollen deine Hoden mit Spangen klammern, Fortuna! Ich hasse dich! Aus all meinem Schmerzgeschrei sickert deine bleiche, unpersönliche Milch! Wenigstens das Geschrei hab ich noch, doch platzt jemandem davon das Trommelfell? Nein. Keinem rhinozeroiden Dark-Metal-Gedenkstein, der an seinem eigenen Achselschweiß zerjapst, dämmert der fremde Schmerz. Puäh!
Die abklingende Empfindung weicht der Lächerlichkeit und dem Ärger über dieselbe.
In was für interne Blödheit ein solcher Lackel einen auch zu stürzen vermag. Lahme Kränkung, Tarnung des Gemüts. Erforderlich. Unerfreulich. Was als Freude und Belohnung für harte Arbeit gilt, das Gespräch mit angeblich wohlgesinnten Zeitgenossen, ist unlogisch und anstrengend. Ich will nicht mehr belohnt werden. Heb meine Pfoten auf, Schicksal, zer-

trümmere mich an einem dieser Zaunfundamente aus Beton, ich will nicht mehr. Dieses moderate Verfahren, eine Pfote vor die andere zu setzen, ist zu traurig.
Ich gehe und gehe und gehe.

Guten Tag, wir sind hier, der Durchgang ist verboten, auch Spaziergängern, Drachenfliegern, Kindern auf Fahrrädern, Boten und Denkern, Mathematikerinnen auf Abwegen, Menschen, auch Tieren oder Halbtieren, die Lasten, sichtbare und unsichtbare, mit sich tragen und ungeschickt von einer Position in die andere verlagern. Geht den langen Bogen um die äußere Seite des Zauns herum, sucht den ungewissen Ausgang. Mag sein, dass es unmöglich ist, hier euren Spaziergang fortzuführen, und dass ihr werdet umkehren müssen und auf demselben Weg wieder zurückgehen, auf dem ihr gekommen seid. Denn hier ist die Kolonie Freudenhain.
Wie pocht mir das Herz, als ich den Zaun erreiche. Da ist etwas. Schwarze Latten verbergen mir, was vor mir liegt, und ich empfinde große Dankbarkeit. So müde ich bin, kann ich nicht mehr anders als weiter, auf meinen sauren Füßen. Graue Ballen, Schwefel und Kiesdunst, mein Herzblut, an die Ritzen drängend. Da spricht man zu mir von Seiten der schwarzen Latten: »Halt! Hör auf zu gehen. Schluss mit Gehen.« Ich darf nicht mehr weitergehen, und wenn ich es versuchen wollte, würde ich daran gehindert! Man sorgt sich um mich, nicht nur anscheinend, sondern mit Konsequenz! Auch kennt man mich gut und versucht nicht, mich einzusperren, sondern bereitet mir einen Weg, der meiner Vorliebe für Umwege auf den Leib geschnitten ist. Ich will die Latten voll ungestümer Liebe umarmen, springe hoch, und als ich in der Luft bin, da knarrt es.

»Und auf einmal springt mir dieser wahnsinnige Cocker ins Gesicht, dass ich das Altglas fallen lasse, und er landet darauf, winselt, kläfft verwirrt, schleckt mir die Hand.«

Es ist das Ende der Wanderung. Wie ich später erfahre, meint das Herrchen, seine Scherben hätten mir die Füße blutig gemacht. Er trägt mich in seine Hütte, wäscht mich und meine Wunden, trocknet mich ab, gibt mir Wasser und brät mir ein Spiegelei.

Die Küche ist aus vielem zusammengesetzt. Diverse Täfelungen und Flieswerk lassen die Wände in Vergessenheit geraten. Gezähmte Bretter gliedern Regale, deren jedes dem, was es trägt, mehr zuwächst als dem Ganzen. Auf schmale Borten sind Tücher bei ihren Ecken angenagelt, sei es, gespannt zu verdecken, sei es, schwerkräftig zu hängen, immer bereit für eine Flüssigkeit in ihrer Größe. Der Gebrauch hat mit einer Puderquaste alles launisch braun überzogen. Flickteppiche halten, was ihnen anvertraut worden ist. Von oben nähert sich eine Lampe, blödem Porzellan nachgebildet, die ihre Portion Staub unsicher trägt und deren Stromkabel, geringelt um die elastische Halterung, an die breiten Höhen erinnert, die einzunehmen sie in der Lage ist. Auf dem Tisch franst eine Decke ihr Elend. Ein läppisches Röckchen kaschiert die untere Hälfte des Fensterchens, um das herum Geräte des Spülens und Abbilder flach-caniner Ahnen sich mischen.

Das gibt mir Anlass zur Sorge. Ist die Zuwendung des Altglasträgers doch nur die bedenkliche Routine eines perversen Hundeliebhabers?

Auf einmal steht er vor mir mit dem Spiegelei, das Morgenlicht drischt Regenbögen aus seinem Haar, seine Brust winkt weiß zwischen den Samtrevers des Morgenmantels;

mir schaudert. Ich weiche dem Teller aus. Doch aus dem Augenwinkel sehe ich, wie er bestürzt zu seinem Brustbein hinunterblickt, wo beim Bücken ein schattiger Abgrund klafft, dann mit dem Teller zögert, den er mir schließlich fahrig auf den Boden stellt, worauf er sich zum Schaukelstuhl zurückzieht. Dabei sehe ich, wie ihm der Morgenmantel auf dem Boden schleift, seine kaputten Fersen an der Rückseite weit über das Ende der Hausschuhe hinausragen. Er macht sich einen Tee und nimmt ein Buch aus dem Regal, das er nach kurzem Blättern gegen ein anderes tauscht. Langsam dämmert mir, dass es nicht seine eigene Datsche ist.
»Was wollen wir tun?«, fragt er mich nach einigen Stunden, die er lesend und träumend, ich im Schlaf- und Wachtraum verbrachten. Ich wende meinen Kopf der Tür zu, halb, ohne nachzudenken, halb, um höflich meinen wohl bevorstehenden Abgang vorauszudeuten.
»Einen Augenblick, ich ziehe mich an.«
Eine karierte Hose ziert dann seitlich meinen Spaziergang; ich bewege mich wie mehrere Lipizzaner.
Es ist das Ende der Wanderung. Der Florida-Room sprießt aus der Hand des Herrchens zu einem Palast, in dem ich wohnen darf. So ähnelt der Florida-Room dem Hund, dessen Fundament wackelt, dessen Psyche gläsern ist, bis auf die Tropenpflanzen darin, welche wuchern und glänzen und dünsten, dass sich der Herr des Hauses als Papagei fühlt und sie mit dem Schnabel zerhacken möchte, um die Menschen davor zu retten.
Schmale Stege führen durch die Kolonie Freudenhain. Schattige, eckige Schotterschlangen leiten die Schritte durch ein dünnlippiges Paradies. Zu beiden Seiten zeigen thujengrüne Paravents das Intimste der Seelen der Nachbarn. Jauchzende Blumen überragen satt kichernde Junggesellenzwergplasti-

ken mit Colorierbemalung. Kühler Thujenmist, die aufgeweichten Wege im Frühling, die ersten Blüten an den Heckenbüschen, die die Hausfrauen beim Namen kennen – wie das Radio sein Wohnzimmer, bekomme ich das alles lieb, und das ist so verflucht merkwürdig, dass ich mich für das Liebgewinnen zu interessieren beginne.

Das heißt, zuerst beginne ich, darüber zu fluchen, denn es überschüttet mich bei jedem Schritt. Kostbar krault mich die Entscheidung, zu bleiben, wann immer ich in ihre Richtung blicke. Ich spüre den jungen Wind im Flaum ihrer Wange, die Hitze darunter, die flatternde Haut. Kostbar lockt die Zunge des jungen Herrchens, unsicher, forsch, im Spiel sich erprobend, ruft er mich zu sich, schickt mich fort mit einem hellen bronzenen Plärren in der Stimme, dass die Lenkdrachen sich das Salutieren verkneifen müssen. An jeder Ecke rieche ich ihn, in jeder Entenfresse sehe ich ihn wieder. Alles trifft auf mich zu und strömt aus ihm heraus.

Bei seinen Versuchen, mich wieder loszuwerden, bleibe ich einfach sitzen. Ich weiß nicht, was ohne ihn anfangen, was, mit diesem dann abgebrochenen Beginnen – oder soll ich sagen, die Rast ist noch nicht zu Ende?

Über die Natur, Intensität und Vertrauenswürdigkeit meiner neuartigen Verbindung zur Menschheit – eben der, über die ich so gerne schimpfe und klage – mache ich mir ohne jeglichen Rat Gedanken. Doch scheint die Frage eigentlich mehr das Herrchen zu betreffen als mich. Denn einen Hund zu haben schneidet ihn ab von der Zuckerschnur städtischen Streunerns, den Perlenketten von Abenden in einigen Klappen, bei denen er seine Freundschaften hütet und seine Liebe zu anderen in Blüten des Suffs gießt. Die Verbindungen eines einzelnen Menschen zur Menschheit, merke ich, sind vereinzelter als die eines Hundes zu ihr.

Und dann kommt diese Autobahn aus dem Briefkasten und übersteuert alle meine Befürchtungen: Gemäß den Erbauern der Autobahn, deren Asphalt Allmacht der Cretins demonstriert, ist einer ein Segment oder gar nichts.
Das Herrchen entnimmt dem Briefkasten ein Schreiben, das er mit finsterer Miene liest. Er setzt sich hin und krakelt mit einem Stift auf ein Blatt eine Antwort, höflich, doch hoffnungslos. Es geht um erfundene Bedingungen und phantasievolle Vorschriften, die das Herrchen, müde, beachtet. Eine gewisse Nachlässigkeit bewahrt ihn und auch die Schöpfer des Unsinns vor seinen Konsequenzen. Das Papier faltet das Herrchen lose, achtsam darauf, dass es keine genauen Kanten bekommt, sondern weich wie ein Leintuch im Kuvert den Leser erwartet.
Ich besehe den Brief, der die weiblich edelmütige Antwort hervorrief. Vom Amt, steht da, Ihr Zeichen – leer – Mein Zeichen – eine Zahl, und dass sie, um Zeit und Geld zu sparen, manchmal mehrere Briefe am Tag schicken. Es ist keine Autorschaft darin zu finden, die des Namens wert wäre. Ein Befehl schwebt im Nichts, von niemandem Bestimmtem kommend und zu nichts auf dem Weg. Vage droht Strafe hinter kindlichen Buchstaben, die sich um Formalität bemühen. Halb spricht man das Herrchen mit Vornamen an, halb mit einem erfundenen Titel, der eine Kennzahl einleitet, halb tritt man ihn mit Füßen und spuckt auf seine Vorfahren, zieht an seinem Schlips und verlangt, dass er sich einen um den Kopf binde, um sich provisorisch einem Team von auserkorenen Opfern einzugliedern, halb gibt man ihm einen Fußtritt in den Hintern und herrscht ihn an, gerade zu stehen und sich den Darm exzerpieren zu lassen. Auf diese brutale Wirrnis finde ich die von Herrchenhand krakeelte Antwort eine zu hohe Ehrung. So merkwürdigen Müll, wie

er aus diesem Büro quoll, habe ich noch nie in meinem Leben gesehen.
Ich wohne beim Herrchen und sehe, wenn er jauchzend auf den Wellen der Gedanken treibt, und wenn man ihn in eine Ecke drängt, wie er spuckt und flammt, und dazwischen, wie seine hellen Augen betrübt werden, der Mut müde sinkt wie die Schnur eines Drachens, sobald der Wind nachlässt. Nichts geht zusammen, und der Drachen weiß nicht, wohin.
Das Problematische an der Ruhe beginnt mir deutlich zu machen, dass ich mich nun erstmals innerhalb eines Florida-Rooms befinde, während ich ihn bis dahin lediglich von außen betrachtete – beschrieb – bespuckte. Die Streunerei habe ich ruhen lassen, obwohl sie meine Schwanzspitze und Ohrenkrümmung ist, und so bleibt unter den vielen Neuerungen ein Knoten, ein Loch, ein Mangel, wo noch in jeder Verwirrung die Gewissheit der Fortbewegung war. Als Hund mit Haus und Herr eile ich nun von einer Notwendigkeit selbstvergessen zur nächsten, die Strecke dazwischen entweder trödelnd oder im Rekordtempo hinlegend, um dem Druck der Relation auszuweichen. Eine Chance, den Raum zum Begehren zu gewinnen, sehe ich zunächst nur darin, selbst ein Widerspruch zu sein. Der kräftige, lockige Cocker wird unendlich klein und unendlich schwierig, ein unbeschriebenes Blatt, das auf der einen Seite schwarz, auf der anderen weiß ist. Weder auf der einen noch auf der anderen Seite kann man sich aufhalten, genauso wenig wie auf dem Mond. Ein Herrchen hält das Blatt in der Hand, wendet es hin und her und wundert sich, wie man überhaupt da sein kann. Denn die Theorie, von der die Kleingärtner ihre Grundstücke pachten, kennt nur Verlierer oder Gewinner, Genießer oder Leider, Zahler und Zahlungsempfänger,

getrennt durch eine Glaswand. Nun beginne ich sogar, die Arbeit zu verstehen.
Arbeit ist, wo nicht bloß Anachronismus, Wegscheide und Therapie. Man leidet an ihr, um nicht an der Arbeitslosigkeit zu leiden, wie man auch gerne krank wird, um nicht an der ganzen Wirklichkeit zugleich zu leiden. Wenn mit dem Zweck gelitten wird, später zu genießen, dient es der Abtrennung und Sicherung des Gefühls, und Gefühl ist das höchste Gut in der richtungslos treibenden Welt des richtungslosen Treibens – noch über der Gewissheit.
Aber wie sagt der Spinner an der Ecke? *Love is the question.**
Tot und dumm geboren, fragt der blinde Arsch, erwachsen, endlich, wo das ist, was er nicht sieht und was seinen ganzen Körper zum Denken bringt.
Ich habe keine Vorsicht. Woher sollte ein Cocker Vorsicht nehmen? Und was sollte sie ihm raten? Lieber zurück, auf die Straße meiner mal glückenden, mal verunglückenden Spinnerei? So viel Selbstliebe bringe ich nicht auf. Ich blieb beim Herrchen vom ersten Tag. Sollte ich aus Prinzip weglaufen? Ich liebte das Herrchen vom ersten Tag. Sollte ich wissen, warum? Aber er ist doch liebenswert. Er ist die Hand, deren Wissenheit kost und kneift. Er ist die aufrechte Bewegung, die so anders ist als mein Lauf. Er ist der herrliche Kopf, dessen Schrauben mir die Rätsel stellen, auf die sich mein Gewinde freudig und leidend aufspießt.
Was tu ich nun? Zweifle ich? Schreibe ich Lieder? Ich schreibe Traktate! Mein ungewisses, windartiges, gequetschtes Herz

* Capitalism kills love (Englisch), eine Neoninstallation mit diesem Wortlaut hängt neuerdings unter einem Hotel und über einem Grillrestaurant in Berlin. Sie wissen also ohnehin schon alles. Unsere Aufgabe wird immer unklarer.
// Unsere Organisation wird immer unklarer. Wir haben die Installation selbst angebracht, vor ungefähr drei Generationen. // Was ist seither passiert?

konkretisiert sich, nehme es nur wunder, in Traktaten. Meine Pfote ist durch mein Zutun zur Feder geworden. Nehme es wunder. Wenn aber die Traktate nutzlos sind, dann verbrenne man sie. Ich bin immer noch der Cocker.
Wenn nun jemand sagte, schreibe nicht unnütze Traktate, schreibe schöne Gedichte? Wenn jemand sagte, du machst dich lächerlich, du bist geschwätzig, Cocker, besinne dich? Dann würde ich mich besinnen und ihn niedermähen, und ihm recht geben, und weiterreden. Denn ich bin
doch seit der Jugend,
und immer weniger,
aber immer noch
nichts anderes als
ein Tausendsassa von einem Cocker.

Ein 200-kg-Tierfreund

Dieser immense Kerl nimmt etwas in seine Pratze und dreht und wendet es. In längeren Passagen wird er gedankenlos. Ist es die übliche Art von Tierhaltung, besser als gar nichts, irgendwie rührend, man tut sein Möglichstes, und alle Beteiligten leiden? Nein! Das hier ist ein Flohzirkus. Das Leid der einen dient zur Freude der anderen und auch ein wenig zu ihrer eigenen, zumindest am Anfang. An der Freude lässt sich kein Genuss vom Leid unterscheiden. Indessen ist unser Tierfreund ja gerade ein Meister des Nichtdualen, er ist ein Freund der Welt. Er beschäftigt sich mit konkreten Dingen.
Dichtung ist nicht Veterinärmedizin, schrieb ein Arzt. Der Tierfreund schreibt menschliche Dinge: geistige Inhalte in animalischer Gestalt. Totemismus oder Animismus. Sangesrausch ist das und besitzt eine schrecklich trockene Nüchternheit, trunkenes Einverleiben und Ausscheiden zur erfrischenden Ernüchterung; einatmen, ausatmen, dazwischen Tanzschritte, die Aufschub gewähren.

Joghurt

Wenn wir krank sind, bleiben wir zu Hause
doch wenn wir gesund sind, bleiben wir auch zu Hause
nur manchmal gehen wir Wege
und denken uns aus, warum wir das tun

sei es Unruhe von innen
oder Sonneneinstrahlung von draußen
oder dass etwas für uns fehlt, oder dass etwas
draußen zwar nicht zu viel ist, aber dennoch
an Leute wie dich und mich, die auf
die Außenwelt angewiesen bleiben, abgegeben
werden kann:

Mini-Eimer.
Halb kaputte Bügeleisen.
Der schräge Flug einer Taube
oder zwei oder mehrerer Tauben
etcetera etcetera.

Freunde weigern sich, uns zu besuchen
sie wissen, es gibt zu viel Grappa hier
seit Jahrzehnten knietief in Grappa
mäkeln wir unsere Zeit

hören Musik, die uns guttut
und hören Musik, die uns krank macht
und freuen uns, wie sehr wir krank sind, und schütteln
die Mähne über unseren Kopf

Und am Ende bleibt immer die Frage
ob Joghurt gut oder schlecht ist
das hat nichts mit der vergangenen Zeit zu tun
aber
essen wir es, weil wir sterblich sein wollen
oder essen wir es, weil wir unsterblich sind?
Ohne es genau zu wissen, löffeln wir
es, wenn man es uns in die Hände drückt
vorsichtig aus wie ein Kind.

TIERBABYBINGO (Auszug*)

Kleine Alge

Kleine Alge, du faserst aus!
Deinen schwarzen Augen
fehlen
alle Empfehlungen, die uns
prägen.
Ohne Bewusstsein, muteloh,
kreist deine Dach so
schädlich immer
um deine Teich. Das geht
nicht gut.
Lerne mähen, kleine Alge.

Höhlchen, Wängelchen, Pellicule

Unter der Sonne, die
blinzelte, kehrte
Accatone zu seiner Baracke
zurück.

Er ging vorbei an den
üblichen unschuldigen
Kinderchen, die spielten,
schön wie Lämmchen.

Er war vom Wein entstellt,
die Augen,
die ihm unter den
ungekrümmten Hauern

flackerten, entzündet: Er
ging wie eine Tochter
inmitten dieser Vision von
Elfenbein und Sonne.

Kleine Arge

Strümpfe bis an die
Achselhöhlen, die aber
keine Achselhöhlen sind,
zu tief oder zu unschuldig.
Die Nieren unschuldig,
die lieben Augen gar nicht.

Macht Tritte mit ihren
niedlichen Schuhn.
Sühne, Sühne, ruft
ihr Büschen, kühl
und muskulös im
Rüschenhemd, ihr
Ire kehrt die Scherben auf,
sie klopft ihre Asche in
seine und lacht zum Himmel.

Zarte junge Beziehung

Such a tender fucking
unendliche Aufmerksamkeit
bis zum Abkratzen
in der Tasche Fäustchen
auf und zu, auf und zu

Alles vorsichtig eingeben
Lehr- und Lernprogramme
Sensibili Berühri Rühri
Harakiri
Ficki Schlecki Niemandsland

Termitenlarve in der Stadt

Rein und unschuldig
hängt sie ab
Reich ist das Haus
und der Schnupftabak
Niemand schmückt ihr Grab

Junger Grottenolm

Möchte der rosarote
Panther sein
kriegt einen Pyjama
möchte Superman sein
kriegt eine
Glitzersonnencreme
möchte hier raus
bekommt eine Kinokarte
geht nicht nach Hause
bekommt trockene Haut
trocknet aus

google cache markierung
gelb hellblau hellgrün

Schwere Geburt

Tierhasen am Friedhof
Feldhasen am Feld
böse, böse, böse.

Grasjunges

Trampolin! Trampolin!
Trampolin!

* Das ging noch ewig so weiter.

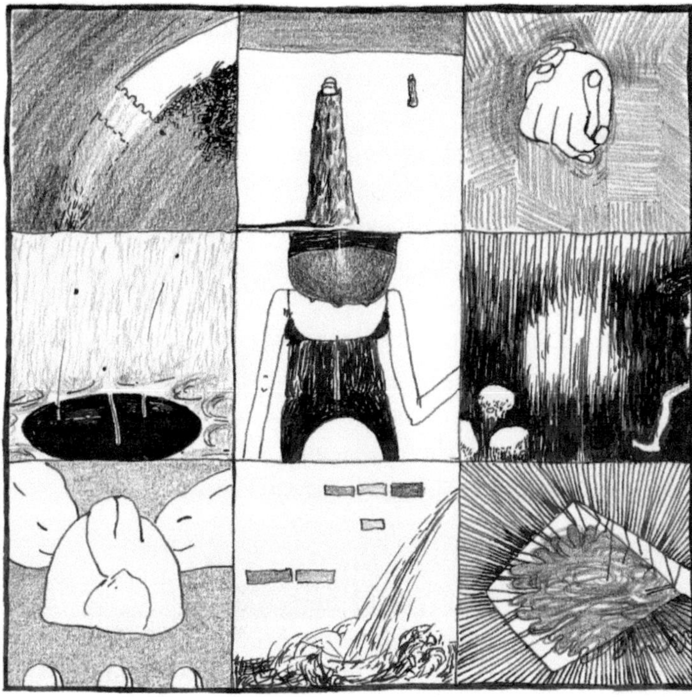

Bling, der Mustang, galoppiert in der Steppe.
In Bling galoppiert ein Hund.
Was weiß ich, warum ich galoppiere!
Ich galoppiere nicht. Ich verharre.
Habe sie alle mit den Augen gebannt.
Sie bleiben mir fern. Ich galoppiere.
Sie gehen schlafen, sie lesen und denken.
Ich galoppiere. Die Prärie reduziert sich
in rasendem Tempo. Sie reduziert auch mich.
Meine Fehler sind tausend Gänseblümchen.
Schlaf, eine Schläfe, eine Ferne, schlaf ein.

Wach auf! Deine Fehler sind Gänseblümchen!
Schlaf, eine Fähre, viele Ärsche, alles Sein
schläft eh auch, du Erbe, du Krätze, schlaf ein.

Bling, der Mustang, galoppiert in der Steppe.
In Bling galoppiert ein Mund, und
während Bling schläft, schließt der Mund Verträge ab.
Weißt du jetzt, warum du galoppierst, alter Mustang?
Ich weiß nicht, warum. Ich bin Bling, und ich galoppiere,
bis die Ärsche und mein Hund, der hier läge,
wenn er nicht schnüffeln müsste, fertig sind.
Es wird hier eine Prärie gebaut,
ich habe Erlaubnis gegeben.

Was für neugierige Tiere

Niemand lebt von ihrem blassen Fleisch,
eigentlich können sie nur alles falsch machen.
Verschlucken Haken, ohne zu krepieren,
werden von Monofilamenten zerrissen.
Zerquetscht in Schleusen, in Flutschützen
zerstückelt, eingezwängt in
Wasserregulierungseinrichtungen, tot
durch Unterführungskanäle geschoben,
fatal verstrickt in Treibnetzen und Reusen,
bringen red tides sie um,
Blüten von Algen vertragen sie nicht.

Sie mögen warmes Wasser, sie leben
in wilder Ehe mit kalorischen
Betrieben, untersuchen
die Wärmequelle, werden
von Propellern in Teile zerlegt.
Oft kratzen sie Kiele, und sie sterben
viel später an Infektionen oder
Blutungen der inneren Organe.

Pica pica

Kreuzt eine Elster den Weg, wir können nie sagen,
ob von links oder von rechts, denken wir nicht an
Tod, Omen, Liebe und Geburt, das zahlen andere.
Wir stellen uns vor, wie sie vor dem Spiegel,
wo EthologInnen sie absetzten, auf und ab ging,
hinter den Spiegel schaute und schließlich
sich selbst bekämpfte. Das wäre also
das äußerste Maß an Intelligenz, mehr erreichen
nicht einmal Schimpansen, Menschen oder Riesenkalmare.*

* Riesige Saugnapfnarben auf den Rücken von Pottwalen führten einst zum Glauben an 60 m lange Kalmare. Wie man inzwischen weiß, wachsen die Narben mit der Walhaut mit.

Ur-utopische Palinodie

Charlene erzählt von Dingen, die wer anderer beschreibt.
Die Gäste schlafen süß in meinen Laken bei mir zu Haus.
Die Katze hat nach drei oder vier gescheiterten Versuchen
endlich die Pillen unter den Brekkies geschluckt.

Mir ist zwar von der Saftpackung im Kühlschrank gestern
Nacht
etwas, weil ich sie legte, ausgeronnen, aber
ich kann es mit dem Lappen sanft und easy aufwischen
ganz ohne einen Ton, und es tut nicht weh.

Die letzten Tage fuhr ich fluchend durch die Stadt,
dann lag eine abendliche Wiese bei Dahlem.
Der Anblick war lieb zu mir. Etwas ging, und
ich heulte lächelnd angesichts der Schafe.

Man findet keinen Ort für die Zärtlichkeit,
seitdem man schrieb: verbannt sie aus dem Gedicht!
Wiederholt wurde sie uns aus der flachen Hand geschlagen.
Liebes Pferd, so iss doch, ist keine Pille darunter.

Heute zum dritten Tage sonnig. Mein Rücken tut weh.
Die Augen sind verklebt, die Katze will schmusen.
Ich mach ihr Tee, lese ein wenig. Ich gelobe,
etwas klüger zu sein, und Zärtlichkeit und Verzweiflung
arbeiten hinten am Dynamo, der speist das Lämpchen, das
beleuchtet die Szenerie.

Alte Reime mit neuen Bildern

Altes Blech
        mit neuen Schrauben
Alter Rost
        mit neuen Stellen
Altes Bild
        mit neuen Gliedern
Altes Gerüst
        mit plötzlichen Schildern

Mädchen, Mädchen. Drehung
wie Saddam vom traurigen
Propheten zum, wie man weiß,
falschen. Etwas ist sie treu
und starrt ins Bier, und im Augenwinkel
buhlen die Männer ihre Schrecken heraus.
Sie kennt blöderweise beide Seiten der Story
sowie den Tonfall, in dem man tot herauskommt.

Anwesenheit stört

Das Unheimliche, in dem ich wohne
wie fast jeder
außer die, die eine Familie haben
außerhalb der Fenster schwarz
auch im Nebenzimmer schwarz
die Dielen mit den breiten Krisen
unberührt
die Gitarre unberührt
ich kaum berührt
ein bisschen von Chet Baker
i get along
along along
time ein Film auf den Oliven
ein Kräuseln im Brot

wenn du kämest
müsste ich Platten aufstellen
Müll betragen
mich auskehren

wo schon deine Abwesenheit so viel Mühe macht

kann man die Luft
jemandem zumuten?
Bewegen der Augäpfel
sich um die Hüften kümmern
aufsetzen Beine
und
und konjugieren?

ne diese Welt ist
unüberbrückbar

nur den Zippverschluss
mir jemand aufmachen
bitt
bitt
bitte

Verbannen wir die Zärtlichkeit aus dem Gedicht!
Lärm mit Zimbeln und Kindern,
komm, und das Geräusch von Gangschaltungen,
das war aber zu vorsichtig jetzt.
Du liebst dein Fahrzeug, was?
Scheiß drauf, scheiß auf die Übersetzung!
Lieb deinen Feldzug,
verdrisch einen Hund und
verzieh dich, bevor das Gedicht zu Ende ist
oder dein Bier umkippt, pass auf, es steht schlecht.

Ameisenjungfer Ameisenlöwe

Ein schmächtiger Cyborg, asketische Heldin an der Schreibmaschine, geistiger Muskelprotz, der Jesus unter den Witzbolden, immer von etwas besessen, wenige Werke, diese fest gemeißelt in Zyklopenbauweise. Das letzte zeigt sie erweicht, fast flatternd. Wir nennen sie Ameisenjungfer, Ameisenlöwe nach den Myrmeleontidae, an die sie uns erinnert. Geht nur rückwärts, macht Trichter wie 6-Tage-Rennen, sieht lichtlos aus, wird bei Erwachsenwerden ephemerer.

Wie alle unsicheren, ambitionierten Fleißbolde hat sie eine Stammkneipe, in der man sie vom Sehen kennt. Man sieht sie in der Ecke sitzen. Der Klang ihrer Stimme ist bekannt, Weißweinschorlen bestellend. Wer ihr eine Tirade entlockt, staunt, wie sie selbst, über den Reichtum an Nuancen, die Fülle von Tönen, die in ihrer Stimme wohnen. Es ist eine ernstzunehmende Frage, ob sie überhaupt eine Psyche in dem Sinn besitzt, wie wir sie von Lebewesen kennen als so etwas wie Leber: warm, intensiv, voll Gift und Gesundung. Eventuell hat sie sich wirklich zu einem Chitinwesen gemacht. Oder aber ihr Chitin ist bis an den Rand mit Psycho-Leber angefüllt wie eine Stopfwurst. Da sich diese hypertrophe Leber vor Einengung nicht bewegen kann, merken wir gar nicht, dass sie existiert.

Im Einzelnen spiegelt sich das Viele, das Kleine zeigt sich leider im Großen. Deshalb erträgt sie es kaum, den Ort zu wechseln. Sie ist nicht mehr ganz jung. Einen Schritt aus der Haustür hinaus, stürzt ihr die Welt entgegen wie Körner in einem Silo. Ein Sandkorn ist eine zu fast nichts geriebene Exilantin. Es stammt zum Beispiel aus Heidelberg, ist aus rotem Sandstein und verliert sich in der Stadt des Strands an einem See in Brandenburg, und wir kennen es dann als Teil in der Ernährungsstrategie einer gewissen Larve. Sie baut sich ein Gehäuse aus sich selbst in der entfremdetsten, dahergelaufensten Form. Larven benutzen, was sie vorfinden.

Dem vom Pflanzlichen so weit entfernten Leben ruft sie zu: »Immer mit der Ruhe!« Wer sich zu schnell entwickeln will, legt alles Menschliche ab, lang bevor er stirbt. Sie weiß um ihre Schwächen und dankt Gott dafür, inzwischen feilt sie an ihren Worten, spricht, wie Demosthenes, trotz der Zunge und trotz der Worte möglichst klar und deutlich.

Sie ist zu empfindlich, um ihre Härte an beliebig falschen Ungeheuern zu verhämmern; sie ist zu sehr Krieger, um es nicht mit allem Falschen aufzunehmen. Das Virtuelle wurde ihr geschenkt, um sie am Leben zu erhalten. Sie arbeitet daran.

Unzeit

In Zeitungen leben Gesichter.
Das Leben bestreiten Gespenster.
Sie tragen sich an den Fensterriemen,
die Nasen fest an den Scheiben.

Wohin fahrt ihr, Gespenster?
Wir fahren die Zeitungen holen.
Wir haben nichts mehr zu berichten,
alles ist da,

und wenn wir die Zeitungen denen entrissen,
die darin nichts Neues beschreiben,
zerschlügen wir die Fenster und
zerrissen wir die Riemen.

Dann schaut niemand mehr hinaus
und niemand mehr herein.

Dann gibts nur mehr an Schöpfen zu reißen,
Posten zu nehmen und Pfosten zu schmeißen,
Ruten zu legen und Blößen zu schlagen,
dann fliegen Gesichter am Tag.

Wer blüht herauf? Wer leuchtet herum?
Es müssen übergangene Zeitungen sein,
ein Flackerfeuer, das niemand weiß,
ein Aschevorschuss, ein zeitloses Loben,
das fehl am Platz seine Schatten gebiert
wie Totenwürmer aus Glutenerden.

Verteidigungsreden

Sie fauchen wie aus ratlosen Motoren,
das Öl will bloß hinaus und spuckt
Vokabel, um sie loszuwerden
wie toter Mauser Pfoten.

Der tote Mauser liegt am Brunnenrand
und klaubt die Steine nah am klammen Herz.
Die kleinen Pfoten wurden überfahren
von keines Mannes ratlosen Motoren.

Selbstwert

Das Öl will lecken.
Die Zunge will fauchen.
Der Mensch will Öl
und Zunge gebrauchen.

Der Mensch leckt mit
der Zunge Öl.
Das Öl erfand
das Ehrgefühl.

Snellaus und Boredom am Telharmonium

Die Tasten sind verwirrend angeordnet, nach Halbtönen?
Schwarzweiß, aber im Negativ, also verkehrt herum?
Inspiration ein mit Fußtritten zu betätigender Blasebalg, der … ach, wo bleibt das Tempo?
Wir müssen das Band nachziehen.
So viele Dinge sind zu bedenken, und so wenige fallen mir ein.
Wir sitzen hier wie ein Paar und starren die Tastatur an.
Dieses Instrument ist mir verhasst geworden, es verhöhnt mich.
Welche der vielen kleinen Hebel und Knäufe sollen wir denn betätigen?
Zuerst brauchst du einen Input.
Zuerst brauchst du einen Sound.
Einen Input.
Einen Sound.
Die hören das alles mit, in den Ballsälen, auf den Telefonen.

»Es macht einfach Spaß, du schnallst total ab.«

Im Ballsaal auf den Telefonen. Über dem Ball in Meditationen. Auf Hemden durch das Weltall. Per Niemand zu den Alaskahoffinnen. Durch das Halteproblem zum Gegenteil von Erlebnis. Im Schreiben zum Überdruss. In neuen Hosen die Straße hinunter. Wegen Zigaretten über die Alpen. Durch ein Bier die andere Tischkante. Wegen Ungesagtem verschlafenes Zögern. Am Telefon mit den Lippen. Über allen Armen ein Rest Kakteen. Auf Umtopfung durch die

Ministerien. Wer weint, hat verloren. Uninspiriert durch die Gänge. Im Kreis der Verwandten.

Der Wasserturm

Auf vielen schmalen Beinen, die verrosten, hält
das große Maul, was es verspricht: Versprochenen
Aufhalt der möglichen Zerstörung. $10m^2 \times \pi \times 10m$?
Wer ist π? Do you want to come and see?

Wie viel Zerstörung ist hier eigentlich möglich?
Größer als das Haus der Wärter, nicht groß.
Mehr sind die Richtungen, in die es abfließen könnte.
Ein kräftiger Strahl verschwindet vom elenden Markt.

Der Wasserturm ist mit einer zurückgehaltenen Labung
oder Zerstörung, darauf ankommend für wen, nicht
umfassend beschrieben. Wenn man unter ihm
steht und sieht, wie das Wasser herausströmt,
wo so viel noch im Dunklen gehalten wird, trotz der
leckenden
Fugen, begreift man immer noch nicht recht, was er ist.

Kapital, Fleiß und Talent, schreibt ein Theoretiker,
sollen zu gleichen Teilen belohnt werden.

Wer hat die Belohnung erfunden? Sicherlich nicht das
Talent.

(Der das Kapital erfunden hat, war talentiert in der Ansamm-
lung von Fleiß und der Ausbeutung von Talent.
Wer den Fleiß zur Perfektion gebracht hat, war kein Talent
des Kapitals.)
Das Gegenteil von Ausbeutung ist nicht Belohnung.

Hieraus folgt: Das Kapital soll sich organisiert hingeben an Fleiß und Talent. Dazu braucht es nicht besessen zu werden. Belohnung ist nicht notwendig und führt zu schlechten Sitten.

Moral:
Ein Wasserturm ist keine Gießkanne.
Das Wasser wird von Gedanken-Blech umwacht.
Aus den Fugen kommt Labung.
Wenn niemand da ist zu genießen

Lied der Trickdelphine *(sinngemäß übersetzt)*

Erlischt mit Stecknadeln die Pupille,
gorillenhaft wolkenlos Rückblick:
Gackernde Grabtrulle, wer bin ich,
wenn ich Hand in Hand dein Zuhause zerlege?

Fege, Marie, fege, fege!
Eine Rille macht noch keine Umwerfung.
Sie ist noch größer als der Strick,
der Reifen, der keppelnde Strohhut, die Grille.

Du bist das Aber, ich weiß.
Sei das Doch! Sei der Pflock,
der den Talg brennt und fädelt
durch Tage die flammend umfassende Öse!

Nicht weiser

Der Pudding den was der Au gebracht hat ist voll Scham,
aufgeschlagen mit Stickstoff. Ich esse ihn ganz,
er ist seine Haut und sein Fleisch. Zart, schwer, weich und
zerbrechlich. Ist das eine Sexualität? Eine Brust.

LL Cool J schreibt heute schöner, wenn er schreibt:
»Doin' it, doin' it and doin' it well«, als früher,
wo er alleine im Zimmer saß und ausrechnete: »I need
love.«
Diese Schüchternheit ist kriminell. Fortschritt ist weich,
schwer, zart
und fürchterlich zerbrechlich. Ich sitze hier und laut dem
schwarzen
Liquid in der Tasse ist das Üble mein Freund und
Wegbegleiter.
An Frühstück traue ich mich ja ran, aber nicht an den Au.

Ich bin erwachsen und fliege mit dem Flügel, in dem ich
auch wohne,
in diesem Alter geht das. Die Brust schwillt,
Geschwülst, von meinen Gedanken. Ich soll die Warze,
Wunde nicht berühren. Soll … doch nicht berühren.
Soll nicht daran rühren. Rühre sie nicht an. Indessen ist
schwülstig, angeschwollen in meinen Gedanken fast alles.

Der Geist

Das Motiv dieses Schreibens ist verständlicher als das der anderen Schriften, die uns zukamen. Natürlich, ein Geist versucht, Formulierung um Formulierung, einen Körper zu erwirken. Nun könnte man vermuten, er muss möglichst konsequent, möglichst lückenlos vorgeben, zu sein. In Wirklichkeit sieht man bei Blößen nichts, es ist also egal, ob darunter etwas ist. Existenzmangel bedeutet, es ist nicht nur möglich, sondern ratsam, in großen Sprüngen zu schummeln. Die Blößen, die der Geist sich gibt, sind Lücken, die er überschreitet, und dienen seiner größeren Materialisation. Die Gefahr in ihnen ist die Gefahr des Erfolgs, zeigt also den Erfolg. Kaum ahnen das die, denen ein Körper gegeben ist, den sie mit Scham als Kapital, als Problem, als Maßstab nehmen.

Der Geist wirft sich in fremde Hände und wälzt sich, um zu erproben, ob er gut wahrgenommen wird, ob man ihn richtig ertastet. Sein größter Triumph wäre es, gedrückt zu werden. Zu erleiden, was Millionen Menschen nach und nach zermürbt, erscheint ihm das süßeste Erlebnis, dessen jede Winzigkeit alles, was er als Geist erleben kann, in den Schatten stellt. Dass dieser Wunsch noch intakt ist, zeigt, er ist Geist.

Unterscheidet er sich durch mehr als die Umkehrung der Vorzeichen von den körperlichen Gespenstern, unter denen er sich bewegt? Oder anders, ist die Umkehrung selbst wieder umkehrbar oder nicht? Die Nuancen, auf die ihn die Kleinigkeiten seines Bestehens führen, zeigen einen deutlichen Abdruck derer, die ihn weniger spüren als er sie. Ist sein verkehrt-gerichtetes Bestreben eine entlarvende Verirrung, so würde, als Verwirrter wahrgenommen zu werden, ihn in die Gesellschaft integrieren, von der er sich ohne Grund ausgeschlossen fühlt? Läuft er einer leeren Idee nach, wenn er ein Plätzchen als Freak dem doch eigentlich, wie wir wissen, angenehmen Zustand des Nichtseins vorzieht? Hat er Aussichten, außer in seiner eigenen, ewig befangenen Wahrnehmung, etwas Objektives zu sein? Sucht er in diesem Bestreben nicht bloß seine Hässlichkeiten auf?

Mein Auftauchen ist von keiner Erwartung, keinem Wunsch und keinem Überdruss begleitet, sondern ein reiner Vorgang.

Wenn ich nicht weiß, wie Liebe und Sprechen zusammengehen, wie der Leib mit den Intentionen, eine Idee mit der nächsten, dann gibt es hier Trotz, sperriges Sprechen, dort bedingungslose Liebe. Hier reibe ich mich an den Gegenständen auf, um zu werden, dort schlüpfe ich in sie und durch sie hindurch. Die zwei Triebe haben mich so zugerichtet, wie ich nicht vor Ihnen stehe.
Die Augen sehen durch schwarze Umrandungen hinaus. Die Mundbemalung gleicht der Zunge eines Ameisenbären, gemacht, um mühselig mickrige Küsse einzusammeln. Jeder einzelne Kuss ist ein Wunder der Natur, fähig, zum Erstaunen der Wissenschaft, ein Vielfaches seiner eigenen Größe mit aller Kraft zu heben und über lange Strecken zu tragen. Die Haut ist pudrig, porös, löst sich ab. Schwere Patzer zaudern an den Stacheln, die die Augen schützen. Mein Kopf ist von Haaren übersät. Die Pupillen wirken zerknittert. Mein Hals dehnt sich in alle Richtungen, als hätte eine Sonnenblume auf zahlreiche Nebensonnen zu reagieren. An meinem Leib hängen, zwei zarte, mittige Zotten bedeckend, Gewänder. In der Zentralkluft der Bluse klaffen zwischen den Knöpfen Bagatellen, wo sich eine Seite weit von der anderen entfernt. Man sieht dort lange ins Innere hinein, wie das Innere angeblich wirkt, es ist aber nur simuliert, wird getragen von Stützhilfen. Meine Extremitäten raffen hauchdünne Kunstseidehüllen zusammen. Ketten baumeln an mir und schlecht gemachte Messinstrumente.* Meine ganze Er-

* Ungemeine Rührung. Der Moment, in dem der bis dahin unsichtbare Pro-

scheinung schwankt auf Stilettos hin und her. Im Inneren spannen versierte Sehnen und Muskeln die Kräfte und die Schwerkraft zusammen, ich bin es schon gewohnt. Ich bin ein Athlet des Lebens, durch Training von einem Zuschauer aufgestiegen. Ich schlüpfe jetzt in die Gegenstände, an denen ich mich vorher aufrieb.

Nachdem ich mich so beschrieben habe, suhle ich mich in den Fragmenten und spucke drauf, und die Thailänderin knetet mich in Form. So weisen es die kleinen Zauberer des Strands an, die Halbschlafkrabben, die mir aus mir eine Tinktur anrühren, mich von allem und nichts demnächst zu einer passablen Form umzuordnen. Derart halbgebildet finde ich mich ein zu einem ersten Vorstellungsgespräch.

Sie haben also diese Stelle ausgeschrieben.

Wen suchen Sie, frage ich, und Sie erwidern mir, dass Sie vielleicht mich suchen, das würden wir ja sehen. Die Art, wie Sie das sagen, ist mir widerwärtig. Es ist, als rührten Sie, unecht schmunzelnd – Sie wären gern zynisch, sind aber bloß stumpf –, im Fetttöpfchen Ihrer Macht herum, welches meine Wunde ist. Ich nenne Sie Opportunistin, von Geburt an.

Sie scheinen die Situation plötzlich ausreichend umfassend zu begreifen, um mir die Tür zu weisen. Ich lache verunsichert. Ich bin ja noch gar nicht vollständig hereingekommen!

tagonist seiner Geschichte sich in Worte kleidet, kleidet ihn. Gleich zweimal?
Die Abstraktion bröckelt und konsolidiert sich. Durch die Beschreibung seiner Kleidung wird der Protagonist auch zum ersten Mal nackt.
Etwas stimmt nicht mit diesem Körper.
Es hemmt mich, weiterzulesen, bis hierher scheint zu genügen. Ist es eine Scham, die ich nicht brechen will? Hier ist der Nabel der Meerjungfrau, hier kann ich den, der damit beschäftigt ist, sich zu beschreiben, packen.

Ich vergaß vorhin, wie empfindlich der Mensch auf gewisse Formeln reagiert. Durch mein Wort war das zarte Erniedrigungs- oder Eindringlingsverhältnis meiner Unbekanntheit, das doch recht rüttelfest schien, mit einem Mal in Trümmer zerfallen. Die Trümmer der sofortigen Konsequenz. Ich bitte Sie: Ob wir nicht im Spiel zurückgehen könnten und unser Gespräch vor meiner Äußerung fortsetzen, die Sie zum Äußersten zwang, da Sie sich hier bewahren müssen.
Sie haben also eine Stelle ausgeschrieben.
Nein, ich nehme nichts zurück, ich bitte Sie nur, mit mir so zu tun, als hätte ich es nicht gesagt.
Die Stelle hat mit Ihnen zu tun. Wer sie also annimmt, hat mit Ihnen zu tun. Ist es eine wunde Stelle?
Es ist notwendig für Ihr Ansehen, dass jeder, der mit Ihnen zu tun hat, gut von Ihnen denkt. Ich denke ganz unvoreingenommen von Ihnen. Sie können sich kaum vorstellen, dass Sie mich einstellen werden.
Das ist mir ganz recht, ich bin wohl nicht geeignet für die Stelle, und die Stelle eignet sich auch nicht für mich. Vorstellungsgespräche sind, vermute ich, meine Spezialität. Ich bin ein ganz und gar intellektuelles Wesen, ein Wesen zur Probe. Sie sind doch auch ein Wesen zur Probe, die Herausforderungen bilden Seiten in Ihnen heraus, die erst Keime waren und nun blühen. Mit mir fertig zu werden – die Aufgabe ähnelt einem Lavagestein, das die Hände bös scheuert. Sie werden froh sein, wenn der Spuk vorbei ist, so übel ist mein Spuk immerhin. Hjah.
Für Sie ist Zeit Geld, für mich irgendwie auch, denn ich lebe von Zeit, von Ihrer Zeit, hjah.
Meine Vorfahren – Sie interessieren sich nicht für meine Vorfahren? Erlauben Sie mir, Sie zurechtzuweisen. Ich vermute hierin eine bloße Formel. Wissen Sie, woher ich das weiß?

Ich habe doch noch gar nichts erzählt, was Sie interessieren könnte! Rosanow schreibt: Der Christ ist gewohnt, »das Zicklein in der Milch seiner Mutter zu kochen«. Sie sind sicher keine Christin, nichts dergleichen, doch die Milch Ihrer Mutter rät Ihnen immer noch, das Zicklein lieber schmoren zu lassen, als es einfach aufzuspießen. Die politikalkorrektness hat die Milch verschluckt, und bei Ihnen schmore ich im eigenen Saft, denn mit meiner Mutter wollen Sie es lieber nicht aufnehmen.

Unterbrechen tun Sie mich ja nicht – ebenso wenig, wie Sie anerkennen, irgendetwas von dem, was ich sage, zu hören.

Ein billigerer Geist als ich würde dem Leser übrigens jetzt eine der Gesten mitteilen, die Sie machen, um sich auf Ihre Kosten als virtuoser und ganz erbarmungslos kalter Schilderer psychologischer Situationen zu geben. Sie müssten genervt in Ihrer Mappe blättern, mit dem Kugelschreiber spielen oder an Ihrer Bluse zupfen. Für solche primitiven und hundsgemeinen Spielchen habe ich nichts übrig. Ich bin unsicher, also bleiben Sie es auch. Ich bin unsichtbar, Sie dürfen es auch sein. Das gebietet die Höflichkeit sowohl wie der Sportsgeist dessen, der ein gutes Spiel mehr liebt, als er ein schlechtes hassen will.

Ich wollte eben erst anfangen, und wenn ich dann angefangen habe, wird es Sie möglicherweise interessieren. Interesse kann man natürlich nicht erbitten. Über das Interesse haben weder Sie noch ich die Macht, es schwirrt zwischen uns im Raum herum. Wir müssen es locken, sein Vertrauen erwecken durch gewinnende Art, kleine Tricks vielleicht, still angewendet. Ich bestehe ja nur aus Tricks, und Sie? Vielleicht sind Ihre Tricks bloß Filter. Vielleicht dienen sie dazu, nur eine bestimmte Art von Interesse zu erwecken; allzu großes Interesse zu dämmen.

Interesse, sagte ich. Was Sie haben, sind Interessen. Was macht er nur, der Plural, die Sau? Wie ein tausendjähriger Meilenstein suhlt er sich im Unterschied, markiert er den Beginn zweier Wege aus einer Herleitung. Die Lösung liegt wie oft in einem kleinen Schwindel: Der Plural ist die Lösung, da er zeigt, dass ein wahres und richtiges Interesse im Plural nicht existieren kann. Es ist Religionssprache: Du sollst keinen neben mir haben, weil du sonst in mehrere Teile zerfällst, wie ein Baum, der auf zwei Seiten eines Zauns wächst, dessen Maschen er in der Jugend für locker hielt. Es ist Kaufmannssprache; ein Kaufmann ist ein Tier, und wenn er sich für etwas interessiert, macht er es zu Geld. Um das Geld zum Schmelzen zu bringen, bräuchte bloß etwas in die Augen des Kaufmanns zurückzustieren, das passiert aber nicht. Wo die natürliche Aggregatform der Interessen das Geld ist, ist die des Interesses der Blick. So ist es, Liebste, und meine Blicke wandern mit Verlangen über die Schatten Ihres Gesichts, wie es verbotener nicht geschehen kann.

Sie mögen mich nicht. Oh, ich mag Sie auch nicht, oder doch, doch, ich mag Sie vielleicht, aber besser nicht, es ist einem Gespräch förderlicher, sich nicht zu mögen.

Zu meinen Vorfahren also. Ein Missverständnis der Deutschen schuf unsere Existenz.

Was beruht denn nicht auf einem Missverständnis der Deutschen? Missverständnisse der Deutschen haben mehr geschaffen als die Schöpfung, ich schränke ein, mehr, über das man reden kann. Die Natur entzieht sich dem Gerede ja wie ein Teich.

Die Missverständnisse sind nicht unschuldig. Sich blöd zu stellen und Verbrechen zu begehen sind Ein- und Ausgang einer einzigen Wäscherei; wie der Türsteher sagt, zwei Seiten einer Mütze. Eine Mütze für ein Hirn zu nehmen ist

ein sanfter, schmiegsamer Vergleich. Nach einigen Minuten beginnt er zu jucken.
Die Natur entzieht sich dem Gerede wie ein Grab ohne Grabstein und ohne Totengräber.
Haben Sie nie auf einer Wiese gelegen ohne Ruhe? Obwohl Sie in der Idylle lesen wollten, krabbelten nicht Insekten, die sich der Sicht entzogen, auf Ihrer Haut, leckten die Haut, auf der der Schweiß prickelte? War nicht alles zu klein, um der Rede wert zu sein, und unüberwindlich? Und ging nicht alles nach einer Weile von alleine weg? Es sind Insekten, diese Insekten; Quälgeister und Mänaden sind bloß fröhliche Namen für Sie, die Sie immer Pluspunkte sammeln wollen.
Mein Name ist Ghost, doch ich lebe in Deutschland, und das kann ich leicht erklären. In England nennt sich unsere Familie Ghost, auf dem Kontinent Geist. Die Engländer waren alles Mögliche; sie verschieden. Der deutsche Zweig brachte Händler und Philosophen hervor, die ihre Schwerfälligkeit daraus bezogen, mit der Leichtigkeit zu hadern. Händler und Philosophen – Räuber und Gendarmen. Auf der Überfahrt war einer der Ahnen in den Ärmelkanal gefallen, der linkische Bruder, der eine Robbe heiratete und den abwegig mittleren Zweig gründete, dem ich entstamme und den es nicht gibt.
So viel zu meinen Ahnen. Zurück zu Ihrer Stelle.
Nein, ich erzähle nichts mehr von meinen Vorfahren. Will nicht.
Ich habe noch nie gearbeitet, noch nie Lohn für meine Taten empfangen.
Wie ich sehe, ist hier alles recht genau bestimmt. Sie sagen mir ausführlich, was ich machen soll, und auf mehrere Kommastellen, wie viel ich dafür bekomme. Das zieht mich an. In welcher Hinsicht sagen Sie es mir denn? Ich verstehe es

besser aus der Richtung der Sachen, glaube ich, weil ich ja selbst nicht so recht existiere und mich oft festhalte an den Gegenständen. Oder sagen Sie mir, wie ich mich beim Arbeiten gehaben soll, um Ihnen zu gefallen? Sind Sie denn dabei, wenn ich arbeite, oder sehen Sie sich nur das Resultat an? Verzeihung, ich rede so viel, um anwesend zu bleiben, ich fange an zu verschwinden, sobald ich aufhöre zu reden.
Es fällt mir immer noch leichter, nicht zu sein, als zu sein. Ich muss mich sehr zusammenreißen. Wie der Inhalt eines Spiegels. Wie ein Satz. Meine Grammatik ist auch nicht gerade solide. Ich will oft schnell etwas sagen, ungeduldig im Drang, zu erscheinen, doch Sie erkennen mich nicht darin, ich bin zu hastig. Also scheitere ich wieder am Erscheinen. Der Versuch steht noch im Raum wie die Nachgeburt einer Missgeburt, es fühlt sich an, als wäre beim Rückzug mein Bein hängengeblieben. Ein kleiner Fehler – Riss, der die Welt durchschießt.
Schauen Sie nicht so entgeistert. Ich personifiziere bloß, was alle spüren. Natürlich klingt das ein bisschen dramatisch. In Wirklichkeit ist es ärger, aber das sehen Sie nicht.
Sie prusten, Sie wollen sich nicht in mein Leben einmischen, aber –
Sehen Sie, das ist nicht sehr schön von Ihnen. Sie hörten doch von mir, dass ich kein Leben habe. Meine Vorfahren haben es an Ihresgleichen gelassen. Was vor Ihnen erscheint, was sich durch mein Reden materialisiert, das ist, was ich habe.
Ihresgleichen. Sie nehmen wohl Anstoß an diesem Ausdruck. Wie alle Individuen sind Sie empfindlich gegen Vermengungen. Ihre Vorbilder sind so ersichtlich wie Ihre Verwandten, doch Sie sehen, ich bin Ihnen deswegen nicht böse, warum denn? Und was für Vorbilder es sind. Brachen Sie

denn nie mit dem Fuß in die Hinterseite der Märchen ein? Meine Güte, dass Sie an das alles glauben können, dass Sie an die Festigkeit und Verlässlichkeit von alldem glauben. Kopf im Mobile, Hintern im Topf. Flicht es ein Leben, so ist es ein Zopf. Kann man dran ziehen. Umschmiegt es den Hals. Hals ist im Glück in Ermangelung eines Schals.
Kein Leben habe ich, aber eine gewaltige Kraft, kraft welcher ich vor Ihnen erscheine. Wollen Sie meiner Kraft zu einer festeren Gestalt verhelfen? Sie wagen es nicht. Sie weichen aus. Ich soll auch ausweichen. Sie heischen Einverständnis im Falschen. Machen wir hier Capoeira? Sie sagen, die Stelle sei nicht für mich geeignet. Sie haben wohl recht, an dieser Stelle wäre es schade um meine Kraft. Haben Sie andere?
Ich würde mich zur Zwangsarbeit hergeben, wenn Sie mich dazu zwingen, oder überreden. Beides halb halb, und Anschein der Rechtsstaatlichkeit, da mach ich nicht mit. Ich bin ein Gespenst, kein Opfer. Ich bin so kapriziös, als hätte ich unendliche Macht, das ist in der unendlichen Ohnmacht ebenso möglich. Ob man nichts mehr zu gewinnen oder nichts mehr zu verlieren hat, ist kaum zu unterscheiden.
Och Sie. Ich möchte gerne besser sprechen können. Nicht immer alle Kraft brauchen, um einen Satz zu sagen.
Ja, ich sehe, ja, ich verstehe, da ist die Tür, Sie meinen, das wird meine letzte Berührung mit Ihrem Büro sein, dort an der Klinke. Hässliches Büro haben Sie, darf ich das sagen? Ein schlechtes Anthrazit, das Ihrem Teint schadet – fast so sehr wie meinem! Man sieht erbarmungslos, was Sie nicht sind.
Das wollen Sie wohl auch. Konturieren sich zu einem Federbett für das Personalmanagement.
Gut! Ich gehe. Ein Geist, ein Unfug. Leben Sie wohl.

Entgeistert. Horror, eine schwule Gitarre ohne Schallloch. Ein Satz ohne Verb. Was ich aus mir herausrede. Dann schweige ich schockiert. Die Teile will ich alle restlos in Kuverts stecken und ohne Absender in alle Ecken der Welt losschicken. Dann werde ich bei mir wie zwischen weißen Wänden wohnen. Hoffen, dass nie etwas ankommt oder zurückkommt. Wohnen? Auf der Straße leben? Wenn keine körperlichen Bedürfnisse bestehen, ausgenommen das Bedürfnis nach einem Körper, ist dies, wie vieles andere, eine rein ästhetische Entscheidung.

In mir steckt auch Schädliches, ich weiß es. Ich fühle einen gewissen Trieb, Menschen zu verarbeiten; mit meinen widersprüchlichen Neigungen so zu verfahren, dass ich die Leute an mich ziehe, zerstückele und gleich wieder von mir wegschleudere. Meist bleibe ich bei dem, was nicht aufschreckt: sich halbherzig für sie zu interessieren; unter ihnen zu wandeln, sie mich begehren zu machen und zu kritisieren. Wenn ich strauchle, wird es ein Anpöbeln. Ich gehe zu diesem Zweck in eine Kneipe.

Will ich entkommen, oder will ich erscheinen? Bin nicht sicher.

Deswegen erfand ich den in alle Formen schlüpfenden Geisterjäger, den ich locken kann, um meine Kunst im Sein zu erproben.

Den Trick, sich aus einer geistigen Flanke oder Rippe einen Jäger zu machen, habe ich von den Amöben abgeschaut, die sich fortbewegen, indem sie sich mit einem Teil von sich selbst peitschen. Ihre Körperlichkeit bewahren sie durch andauernde Bewegung, Bewegung mithilfe ihres Körpers. Wehe, wenn das aufhörte. Ich versuche es also zu beginnen.

Der Geisterjäger darf nie ganz erfahren, was hier läuft, also ändere ich fortwährend alles. Ich habe ihn auch nicht voll-

ständig erfunden. Er sagt, wie Inspektor Chan, keine ganzen Sätze und verwendet keine Artikel. Er spricht wenig über sich und viel über Nietzsche. Dem Gesamtwerk von Nietzsche auszuweichen ist eine gute Aufgabe für ein Gespenst, das sich ausformen will. Auf diese Weise lerne ich verstehen, ohne gelesen zu haben. Die wichtigste Waffe gegen den Nietzscheanismus des Geisterjägers ist es, abwesend zu sein. Da ich nichts brauche, nur will, kann ich lange Zeit ohne Kontakt auskommen. Wenn ich dann auftauche, ist er zur Stelle, und die Jagd geht weiter. Er ist härter als ich, er hat auch eine schwerere Aufgabe. Er muss mit dem Arsenal all dessen, was ich verwerfe, gegen mich kämpfen und mich gleichzeitig umfangen, um mich in einer Form zu halten, mit der er kämpfen kann. Obwohl er mir mein Nichtsein aufstechen soll wie eine Blase der Übung, ist er noch weniger existent als ich, zumindest, was die Waffen anbelangt, die ich akzeptiere. Manchmal ahne ich, was er, tief unter der Rüstung aus meinem Müll, sein mag und schon lange gewesen ist.
Die Kneipe macht auf, als ich hineingehe. Drinnen sitzt mit groß aufgerissenen Augen der Geisterjäger. Ich gebe vor, ihn nicht zu bemerken, eile vorbei und trete in den Gang zu den Toiletten, um mein Make-up zu korrigieren. Dabei trödle ich, denn das Licht ist zauberhaft. Puder schwebt auf dem rotgelben Licht der Lampen zu beiden Seiten des Spiegels, und in der Mitte meiner Nase finde ich einen roten Makel, der wie jene riesige Tropenblume ist, welche nach Aas stinkt. Das Tor zu einer anderen Welt. Der Lidstrich fasziniert wie ein Fluss aus Erdöl und Robben über meiner Haut. Wie zart und unheilvoll bewegt sich mein Lid, schüttelt den Lidstrich ab, indem es ihn vergisst, da er trocknet. Der Druck des Lippenstifts kommt auf mich zu, wie ein Presslufthammer ersetzt er die Stille. Die Musik aus der Kneipe erscheint im Türrah-

men. Ein Dunkel schlägt mich, Hand auf den Rücken, gegen den Spiegel. Ein Abdruck bleibt, der einer Meerjungfrau der Seemänner gleicht, zusammengesetzt aus einem Rochen. Ich verschwinde durch die Mauer.

Auf der anderen Seite der Wand sehe ich zwei Gläser Rotwein auf dem Tresen stehen, das eine ein wenig geleert. Hast du gedacht, dass ich mit dir trinke, Halunke? Später, mit Sicherheit. Jetzt ziehe ich mich kokett verstört in den Behälter zurück, der die ganze Nacht lang die Margarita um die eigene Achse wälzt. Meine Übertreibung ist echt, ich habe mich selbst überzeugt, gekränkt zu sein. Wovon? Ich schäume, als er kommt, und schäume, und schäume, dem Geisterjäger gegenüber. Reiche Unruhe bettet mich im kühlen roten Eismeerbehälter.

Nach und nach bekomme ich Kopfweh. Schäume weiter.

Diese Unruhe ist unerträglich. Als ich mich aus dem Margaritawälzer entferne, reiße ich den Spirituosenständer mit nieder; er fällt auf den Geisterjäger. Ich picke die Trümmer aus seinem Rücken, und wir machen ungeschehen, was geschah, indem wir in der Zeit zurückspringen. Es wird ein angedeuteter Tango. Ich werde rot. Auf einmal schleudert mich der Geisterjäger quer durch den Raum. Meine Schuhe verfangen sich in den Vorhängen. Der Geisterjäger schüttet Rotwein auf mich. So kann ich nicht verschwinden. »Salz! Wo ist Salz!«, krähe ich, doch er hält mir den Mund zu. Wir sind die einzigen Gäste, und es gibt niemanden hinter der Bar. Ewigkeiten vergehen.

Er umfasst meine Handgelenke und weiß nicht weiter, weil mein Gehirn in Schreckstarre verharrt. Jahre sind hier versammelt.

Mein ungleicher Wille kippt endlich die Kneipe, wir rutschen zur Schwingtür, und ich kann mich befreien. Arm in Arm gehen wir im Kreis. Am Arm existiere ich zur Zufriedenheit aller und bin so schwer, dass ich auf den Stilettos kipple. Die Brüste lasten, der Rock schwappt links und rechts, der Filzmantel des Geisterjägers beult aus, der Hintern knüllt sich beim Gehen zusammen und bäumt sich in die Hand.

Plötzlich finde ich mich in der Kneipe wieder. Sie hat sich gefüllt, ich sitze an einem Tisch mit Greisen und erzähle ihnen alles. Wo ist der Geisterjäger? Ich laufe aus wie eine geschnittene Vene. Ich schreibe aufs Blatt. Sind es die Ränder, die mir zuhören? Diktiere ich den Buchstaben? Ich plaudere und plaudere. Kneipe und Lampenlicht gehen ineinander über. Ich lutsche an meinem Stift, ich starre auf meine Zigarette, der Raum dreht sich und stülpt sich um und wieder um, sooft ich mich bewege. Ich halte mich an den Worten fest, denn die Satzteile verwirren mich. Kleine Fragmente, zerschellt, allesamt, flottierend auf tiefrosanen Meeren. Es ist der Untergang der Margarita in der Margarita.

Mein Erscheinen muss einer spontanen Eingebung folgen, die ich im Moment davor selbst noch nicht geahnt habe. Ansonsten geht es nicht gut, die Erscheinung erscheint nur teilweise. Ich kann es nicht lassen, zu erscheinen, und ich habe unendliche Möglichkeiten dazu. Immer wieder überwinde ich meine Sucht vollkommen, bloß um sie freiwillig wieder aufzunehmen. Ich versuche, mich nüchtern zu formen. Erhitze mich, hämmere, leide, kühle ab. Ich weiß zwar nicht, welchem Material das gleichen soll, aber es scheint auf meine Geistigkeit zu wirken. Ich warte immer so lange, bis ich abgekühlt bin, höre, wie ich von fern klinge, fest und richtig in der neuen, verbesserten Kurve. Es ist kein Wissen, sondern ein treffsicheres Gefühl. Wir Geister haben ja nichts, was im Entferntesten einem Gedächtnis ähnelt. Umso mehr verlassen wir uns auf das kontemporäre Bewusstsein. Es gibt nichts Wacheres als uns Geister.

Vielleicht ist meine Ehrfurcht vor dem, was ist, übertrieben. Menschen sehen Eigenschaften; ich nehme die Eigenschaften hin und sehe Zeit. Die Zeit drückt sich mir aus, wie eine Pflanze sich auftut, als ein beobachtbarer Prozess. Ein Prozess bedeutet, dass jemand beobachtet. Zeit zeigt sich immer *jemandem*. Also bin ich, ich muss mich bloß vollends materialisieren.

Es gibt Schulen für Blutsauger, es gibt Ratgeber für Kannibalen und Nekrophile, es gibt Einrichtungen in den Spitälern zur anonymen Abspeisung, eine ganze Leiter von oben nach unten. Wer diese Angebote aber in Anspruch nimmt, kann ich mir nicht vorstellen. Sie sind so unendlich trist. Vielleicht stimmt es sogar, dass es sich um physische Bedürfnisse handelt, dazu müsste aber die Idee großzügig ausgeweitet werden, bis sie sich nicht unterscheidet von denen, die sagen, es handle sich um Geist, und die so weit gehen zu sagen, das, wovon wir uns ernähren, sei letztlich auch Geist, bloß zögen wir die Energie aus seiner Auflösung, da er in der Welt ein anderer ist als hier drinnen bei uns. So oder so haben die genannten Einrichtungen keinen Platz. Es ist nicht einmal Geschmacklosigkeit, über die man sich noch echauffieren könnte, sondern bloß Irrtum, Fehlrechnung, Stumpfsinn.

Ich dachte zuerst ja auch, ich müsste dahin. Direkt aus dem Meer heraus schleppte ich mich triefend auf den Campus, und ein paar Jahre hielt ich mich in den Foyers auf. Kein Gespräch wollte mich finden, keine Freundschaft gelingen. Ich wandelte alleine wie ein Pfosten durch die Hallen. Es waren die Hallen für meinesgleichen, für das, was ich wollte, und hin und wieder huschte ein anderes Gespenst an mir vorbei oder krümelte seine Formen in einen Stuhl hinter dem Kopierautomaten. Ansonsten trotteten, wie der Krill durch den Wal gepumpt wird, die Fluten täglich in den Raum der adretten Erscheinung und wieder hinaus. Ihr Nicken schluckte bissweise die Schwierigkeiten, sie kamen voran und waren schon wieder weg, da fingerte ich immer noch eine lose Stelle in meinem Pullover. Alles erschien mir so wichtig; manches lächerlich, anderes unbegreiflich. Nach einem einzigen Gang durch die Aula sprang ich an die Decke und sank erschöpft zu Boden.

Wenn es ein physisches Bedürfnis ist, seine Erscheinung auf Kosten der anderen zu konsolidieren, dann wäre es ja ganz in der Ordnung, dass die Ideen ausgesaugt, ihre Leben zu verlogenen physischen Körpern gemacht werden, während sie selbst zu Hülsen erflachten, grellen, anorganischen Buchstaben gleich, jeder zu einem einzigen. Die Studenten pusten die Bücher aus und bauen mit dem Ausgebrannten ihre Versicherungen, während ich den Vorgang entsetzt umflattere wie ein Nachtfalter ein Mikroskop. Ohne zu wollen, schlüpfe ich mir aus dem Blickfeld, auf und davon. Ich kann mir nicht trauen. Ich bin ja der Kosmos.

Nachdem ich eine Weile an der Uni herumgehangen hatte, kam ich auf die Idee, mich aufzuschreiben. Ungefähr zur selben Zeit begann ich, Strumpfhosen zu tragen. Ich wollte mich deutlich ausdrücken, und man sollte mich nachweisen können. Ich empfand es als schön: ich empfand es als interessant.

Im Raum neben dem Kopierer fand mich das Eisbein. Er rollte herein und fraß mich sofort, so dass ich ihn mochte. Überall rollte er, wenn er ging, reimte, wenn er saß. Was er Mathematik konnte! Er erzählte von den Gleichungen wie ein begabter Historiker, und seine Stimme zitterte und machte zittern vor Wonne. Wenn das Eisbein redete, kam ein Biber nach Hause in seinen warmen Bau und schüttelte sich. Er hatte ein paar Freunde: Slimane, der Kabyle, staubiggesucht wie ein Bäumchen mit Brille. Was er mehr war als stilvoll, habe ich nie herausgefunden, doch trank er Tee, wie andere Porsche fahren. Noodles, die weißblonde Wisbyerin, Religionswissenschaftlerin und Philosophin, mit ihrem Joghurt und weißen Handschuhen, ungeheuer belesen, kühlte und schmeichelte mit ihrer Art die Gemüter glatt und auch ihr eigenes, das sich aufrieb an der theoretischen Prosa. So geschmeidig war ihr Ausdruck, dass man sie alles fragte. Der Stapfer-Thomas in Winterstiefeln und Pullover, ein Rotzlacher, der sich gerne wiegte, kannte alle Orte und führte uns hin. Er wohnte in einem alten Eisenbahnwaggon, einem Geschenk der Bahn, nachdem er ihnen lange Jahre mit seiner umfassenden Kenntnis der Fahrpläne in den Ohren gelegen hatte. Uhrzeit und Abfahrtszeiten waren ihm Augenbrauen und Nägel. Wenn wir zu Besuch kamen, was ihn hoch erfreute, musste man durch den Wald und über die Brache und Schienen, und er hatte Bier in der Jauche gelagert und Laternen auf der Lichtung mit den Stühlen aufgestellt. Fast entstand dort ein Lesezirkel, dann wurde es Winter.

Im beheizten Foyer öffnete ich den Mund und brüllte, versiegend, eine Alarmglocke, deren Batterie das Zeitliche segnet. Dann brüllte ich stockend, eine Pausenglocke, die die letzten Plastikfolien ihrer Geburt weghustet. Das letzte Mal brüllte ich dort im Studentenfoyer so, dass der Kopierer spontan eine leere Seite kopierte. Dann blieb ich weg, ich weiß nicht, warum, ich lief in den Schneesturm und geriet nicht wieder hin.

In der Kneipe, an meinem Tisch, haben zwei begonnen, über etwas anderes zu reden. Ich horche auf, und in meiner Stille beginnen auch die anderen zu reden, bald sprechen alle erhitzt, erbost, streiten über Vampire. Ich sehe zu, wie sie sich über den Tisch beugen und einander in die Ohren rufen, was für Mythen in Rumänien und in Polen übereinstimmen, welche sich widersprechen, um einen Durst zu regeln, der so arg wie die Dummheit metzelt. Langsam spüre ich in mir eine Rede herannahen. Melancholisch sehe ich zu, wie sie sich zum Mund drängelt und ohne Eile und ohne Gnade dem wilden Tisch erklärt, wie es mit dem Beißen ist.

»Wer beißt, beißt eigentlich Vages. Erstens dauert es ziemlich lang, bis die Wahrnehmung zur Deutlichkeit erblüht, und dann ist die Stelle selbst und ihre Markierung ebenfalls ziemlich vage umrissen. Ganz zu schweigen von den Motiven. Die Widerlegung, die Freimachung des Arms und so weiter ist also weich, ein weicher Vorgang. Man beißt, um widerlegt zu werden, doch die Widerlegung geschieht so sanft und unmerklich, dass uns eigentlich nicht damit gedient ist. Mehrere Versionen können nebeneinanderstehen. Wenn gar ein etwas schrillerer Ton hervorgerufen wird, changiert seine psychische und aeronautische Umgebung in allen möglichen Farben. Kein Wunder, wenn es uns nie gelingt, auch nur annähernd anwesend zu werden.«

Nun bin ich fertig, und die Runde kann sich wieder der Konversation widmen. Ich lehne mich zurück und ersinne den Geisterjäger und versuche, mich zu erklären, um ihn mit einem neuen Schub von Haut und Müll zu beliefern.

Ich könnte mich, meine Erscheinungsform als eine Art Chance bezeichnen. Freilich verfehle ich mich andauernd, während mich andere hin und wieder ergreifen, und vice versa: Dann wieder bin ich von mir selbst ergriffen und verfehle die anderen, oder sie verfehlen mich. Der Zweck dieser Aufzeichnungen oder Beobachtungen ist, mich begreiflich zu machen, zunächst dem Geisterjäger, dann anderen. Wer weiß, ob die Idee Hand und Fuß hat. Sie ist von Redewendungen verseucht, und in dem Maß, wie dies mich mit der Umgebung verbindet, schmälert es meine Wirklichkeit. Blasse Schatten aus einem schlechten Material bin ich, und nur die Konturen in ihrem unbewussten Schnitt zeugen von mir und bieten mir als schmales Habitat ein Gebiet, das nicht viel helfen wird. Ob die ehemalige Möglichkeit, zur Tatsache gereift, überhaupt wünschenswert ist? Unter den Geistern herrscht eine geradezu kopflose Neigung, jede denkbare Änderung zu erstreben, ohne Rücksicht auf ja doch aussichtslose Überlegung. Und immer wirkt die Abweichung verführerischer, fester als die Erfüllung. Immer noch gibt es zu viel zu zerstören. Das weckt die Libido des Geists. Möchte er sich noch so gerne selbst bauen: Immer wieder entgleist er in der Zweckverfremdung der Gleise, aus denen er sich errichten wollte als einsamen Eiferturm.

Von Natur oder Instinkt ist meine erste Sorge, unerkannt zu bleiben. Mein Wunsch, zu werden, geht gegen meine Natur. Als Text überwinde ich das schüchterne Material, das mir anstelle des Fleisches gegeben wurde. Als Text unterscheide ich mich unerträglich von meiner Umgebung. Gute Voraussetzungen, eine Entscheidung zu erzwingen. Was ich will, muss, spüre ich, auf einer Entscheidung fußen, auf einer Trennung von der Hälfte.

Ich empfinde Trennungen als angenehm und zuträglich, großzügig und hilfreich. Zu viele Trennungen sind aber nicht notwendig und dann auch nicht klar; der Wechselblick gewöhnt sich an sie und beginnt, sie zu verwechseln. Ich fühle mich ein wenig ausgepeitscht vom andauernden, bald viele Entfernungen in eins mischenden, bald gleichförmig dahinplätschernden Wechsel. Als gäbe einem jemand jedes Mal in dem Augenblick, wo man durch die

Wand davonschimmert, einen Klaps. Das Wollen wird dadurch verwirrt.

Ich arbeite mit mehreren Wirklichkeiten, mit Verwechslungen, mit Taschenspielertricks. Nichts, was nicht vollkommen banal wäre, die Raffinesse besteht darin, es ist unwahrscheinlich. Um den Wahrscheinlichkeitsgrad unterscheidet sich die Existenz eines Geists von anderen Existenzen. Dadurch bleibt der Geist »ewig jung«, da mit dem Alter Wahrscheinlichkeit und Unwahrscheinlichkeit scherenartig auseinanderklaffen. Die meiste Arbeit, die meisten Tricks eines Geists sind immaterielle kosmetische Chirurgie: Wahrscheinlichkeit und Unwahrscheinlichkeit müssen künstlich nahe beieinander gehalten werden.

Ich will aber damit aufhören. Ich möchte nichts Unwahrscheinliches machen. Ich habe erst lernen müssen, dass viel möglich ist. Den Gespenstern, die ich besorgt huschen und großsprechen sah wie ich, will ichs zur Beruhigung sagen. Wer etwas macht, übersteigt das Unwahrscheinliche wie nichts. Man muss sich nur ganz, wie man eben ist, darauf verlegen. Da dürfen die Gespenster denen nicht glauben, welche sagen, dass es alles Optionen sind!

Im Morgengrauen verlasse ich die Kneipe. Über die Maßen freundlich hallt das Trapsen meiner Gedanken auf dem Pflaster. Ich schlage, geradezu unbewusst, einen Weg ein, das stimmt mich fröhlich, denn ein starkes Unbewusstes ist eine Grundlage für einen Körper. Es geht zu den Werbern in den 6. Bezirk, ich gehe ungefähr eine halbe Stunde.

In der letzten Zeit muss sich etwas verändert haben, dass mir die Werber näher kommen. Wenn sie für mich so sicher und fest erscheinen, nehme ich an, sie sind verunsichert. Ich weiß nicht, ich kann nicht anders, als mich ihnen anzuschmiegen. Ich gehe in ihren Büroräumlichkeiten mit ihnen ein und aus.

Sie ähneln den Wespen, leben im Verband, als Abhängige, als Glieder eines Staats, der wie ein Organismus funktioniert, erkrankt, untergeht. Die Reparatur bedeutet den Verschleiß der einzelnen Glieder. Räume werden abgesondert, unter Quarantäne gestellt, dem Tod geopfert, um das Ganze zu retten. Im Gegensatz zu den Bienen lieben die Werber nicht das Ganze, sie hassen es. Doch so, wie sie sind, können sie nicht ohne es bestehen. Und sie sind unsicher, ob sie etwas anderes wären, Humus etwa, ob sie das gerne wären. Daher ihre berühmte zielunsichere Aggression. Sie wissen: Auch entkommen wollen sie nicht mehr. Sie könnten nicht fortfahren, zu sein, was sie nicht sind, wenn ihr Unglücksstaat nicht wäre. Sollten sie das alles aufgeben? Der Wespe ist leider noch ein zäher Funken Ökonomie im Leib, der in der tiefsten Trunkenheit noch verbietet, alles aufzugeben. Während die Biene im Vertrauen mit ihrem Stachel lebt, der sie zusammen mit dem Feind tötet, geht der Stachel der Werber rein nach außen, sie haben noch nie darüber nachgedacht. Die Angst hat also keinen Ort und trampelt auf ihnen herum. Sie tun so, als hätten sie nie darüber nachgedacht.

Wenn die Letzte gegen drei das Licht ausschaltet und die Tür zusperrt, bette ich meine Gedanken auf das Ledersofa. Immer wird es draußen hell. Manchmal transzendiere ich dann die Glastür, um durch die Gassen zu schlüpfen, am Putz zu pusten wie der unerklärliche Windstoß, der ich, in letzter Zeit so feist, geworden bin. Schwer keucht der Asphalt von meinen Fußabdrücken. Ich nehme einen Block Anlauf und renne durch ein Ecklokal, dass die Kerzenflammen waagrecht grüßen. Einer in der Ecke hört auf zu träumen und grunzt wie ein Schwein, durch das ein Seidenpapier gedrungen ist.

Das Büro der Werber befindet sich in einer gusseisernen Wohnsiedlung des späten neunzehnten Jahrhunderts mit verschnörkelten schwarzen Eingangstoren und einer gepflasterten Privatgasse voll aromatischer Gaslaternen. Die Werber haben ein paar der alten Geschäftslokale zusammengelegt und auf den Glasscheiben mit matten Klebelettern ihre Sprüche reproduziert. Es mutet eigenartig an, die Sprüche fernab der Klienten in normierter Schrift zu lesen. Sie sollen an die Arbeit der Werber erinnern, daran, dass die Formulierungen mächtiger sind als ihre Lohnherren. Ich fühle mich verwandt dem Zwischenzustand der Sprüche, hier, wo sie gar nicht mehr sind, aber auch nicht begraben. Milde verharre ich im Schritt durch die Glasscheibe und sehe sie von der Seite an, wo sie keinen Körper haben.

Heute früh haben die Werber mich gefangen. So nah sind wir uns nun gekommen. Sie haben mich zum Inder gemacht. Ich trage einen Turban, rede tuffig. Ich bin das Maskottchen für eine Kommunikation. Ich trete mit meinen Sprüchen in Fernsehspots auf und werde auf Plakaten und Streichholzschachteln abgebildet. Man speist mich mit Wodka, um meine Erscheinung konstant zu halten.

Ann Cotten

Sie lässt sich gehen. Sie schimpft. Nimmt an, ihre große Liebe würde sich von alleine mitteilen. Indessen schrumpft sie, knapp unter den lodernden Beschwerden, dahin. Wird sie ertappt, steht sie starr, ein Hologramm, allzu rasch am Ende ihrer Mathematik angekommen. Sie stellt sich vor, ausschließlich dem All verantwortlich zu sein. Bei gelegentlichen Zwiesprachen mit ihm tönt sie Tierlaute in der festen Überzeugung, nur so ganz korrekt verstanden zu werden. Kommt sie einmal auf etwas, schreibt sie die Formel nieder und läuft schnell weg. Für Anwendung, meint sie, seien andere talentierter; ihr entgeht ganz ihre eigene Anwendung, die problematisch ist vor Vernachlässigung. Kosmos und Staub sei sie, mit unverhohlener Neugier spioniert sie nach den Nächsten, die tätig unter den Leibern leiden. Sie selbst sei Konstellation, sei natürlich alles. Sie will sich aus lauter Flucht zu einem Fernsehen verdichten und zieht einen Astrologen zu Rat, der ihr Gelingen und Scheitern ins Studio malt, dann warten beide, immerfort deutend, darauf, dass ein Auto messianisch durch die Stellwände kracht.
Sie lässt sich gehen und reduziert alles, damit es, unkontrolliert, keinen Schaden anrichtet. Ihre Freunde sind die Noppen des Noppenschaumstoffs, welcher Schall schluckt. Sie ist hinausgegangen, kommt bald wieder.

ICE

Ein Affenkäfig dieses Bordbistro, dennoch
das schönere Intro-Interieur als die Großraum-
spicktücher, in denen man sich korkst, sich
in die Reihen verwesender Faltenriecher

einfädeln soll, um nicht atmen zu können
und die Teflongespräche und Semmelrauschen
der unzähligen Untoten in ihren Personalsphären
den Hals hinuntergestreckt zu bekommen.

Hier ist zu wenig Leistung
sagte die liebe Schaffnerin
mit den vielen Ohrringen.

Dumme deutsche Männer
stellen sich bedrohlich um den
in Ulm eröffneten Kiosk.

O Kreis meiner Betätigungen, wo
beginnt der Reiz, dich kreisend abzureißen?

Wie kann ich mich drehen, mich hinzuschmeißen
an Dinge, die ich liebe, deren Leere

mir alles fernhält, was ich wäre,
wäre ich, wie ich bin: in jenem Spiegel

ein Igel, hier ein Girl, letztlich ein Ziegel,
der auf dem Weg zu seinem endlichen Gebäude

den weiten Weg und, die ihn trugen, scheute
und abfiel in eine negierte Muße,

wo er sich feuchtet an Verfallens langem Kusse.
Und alles nervt, und alles glänzt, und regnet,

und fällt in eins, und im Fallen begegnet
er Ratten und Luft, liebt Luft, fällt auseinander,

Zirkel des Eigensinns, gestochen in die Schande
mit einem Fuß, der andre paradiert, wo immer.

Steht es und bricht, schlicht
nichtig und so, Einfalt
und Niedertracht, Blech,
Sodomie und Gestalt, eine

zweite Version, Niemand wie
Bartlosgenie, sei es
ich oder meine Nachbarin oder
ein anderer eine Bosseleischlüsselschraube,

bauchig und groß, bifur-
kal und gelocht, kornig,
steht nur davor, starrt,
steht nur davor, starrt
Karambolage, ich meine doch
Fiasko und Havarie,
stop, stop.

Steht es und tropft, ist es
Regen und so stehen wir
vorliebend unter uns
neben Arkaden und so

Dingen, Balkonen und, ja,
Vordächern, obige Schutz-
maßnahmen aus Wellen, wer
wollte dagegen Haufen lehnen, sie rutschten verlässlich ab.

Niemandes bare Vermutung,
allerlei Wohlbekanntes,
kleine und unabdingbare,
durchaus ennuyierende

Wörter wie du und ich
Wörter ich mag sie nicht
besonders.

Möge der Blitz
kommen über dich transitiv Mojo in der Nacht
und dich aufwecken und blenden möge der Blitz
kommen und deine Wohnung verkohlen und dich
bis du aus weißen Augen matt schaust und noch immer
nichts kapierst, möge der Blitz dich auswischen Mojo
und dir zeigen was dir abgeht möge er dich zu Boden
werfen, möge alles gelöscht werden alle deine Träumchen
gelöscht werden denen du immer anhängst und deine
Dinge über die du dich bei anderen beschwerst und
deine blauen Augen möge er verletzen dass du weißt
wie es ist von außen nicht immer nur von innen.
Möge dein Haar an allen Körperteilen o Mojo
zerbombt werden vom Blitz und deine Quark-Ironie
und mit ihr deine stinkenden Überzeugungen und die
T-Shirts
und in deinen Rachen Mojo möge der Blitz
ein großes Loch fetzen dass du nie nie mehr
den Rotz dort aufziehen kannst zum Grauen
und Erschrecken anderer Leute sondern
etwas anderes geschieht.

AUF FÜHLSONDAGE MIT DEM WELTALL / EINWÄHLEN

wiegen (tch, tch) und nicken und (tch)
so (tch) weiter, nicht? (tch tch tch) wie genau
ich (tch) und du und das (tch tch) der (tch)
der Straße und (tch) Müllabfuhr, Kühlschrank
(tch tch tch tch) und alles was Lärm macht
(tch tch tch tch) und Bier (tch) auch wir
(tch tch tch tch) syntaktisch Syntax, sehr be-
(tch) kloppt (tch) und ich (tch) mich verlöre,
wer (tch) sich gehörte, nicht? (tch) hörte (tch
tch tch tch tch) ihr schreiben wäre (tch) wie ich (tch)

froh dass es vorüber (tch tch tch tch)

Solidus

Die Einsen bei Heine / der Einstieg zu Heinse / der
Kottbusser Damm / die trippende Nadel / der Gang durch
das Zimmer / der Deckel / das Gähnen / die gleißenden
Dächer / die Schritte des Typen der neben mir geht / die
Schritte auf Treppen / die Flecken auf Treppen / das
Knacken der Gänge / die Liebe der Dielen / das Schöne am
Versmaß / das Irren im Versmaß / das Skansionshaus / der
Trickster / der Klempner / das lügende Bett / die
fahrende Werbung / der Seiler auf Reisen / das vorletzte
Blättchen / das vorletzte Blatt / der Regen auf Dächern / die
Tauben auf Schildern / die Schläge von Sätzen / das richtige
Maß / die kippende Fläche / die dampfende Kippe / der
Spiegel / der Hafen / die Falte / der Arm
Die Schräge des Setzens / die Hand unter Wasser / das
Radikale
das Kippen der Flasche / das Knipsen im Gang / das
Schnipsen im Himmel / die strömende Luft / der
verbesserte Witz / und Käfer / und Brüche / und
Trinken / und Kufen
und Räder im Stehen
und Ränder / und Seuchen / und Stiefel / Atome / Atome
in Banken / Verbindungen / Werbung / und
Schiebung / und Speicher mit Rehen und
Heu / Verwischung im Schlafen / Verfrachtung in
Kisten / Insomnia / Kraken / und Volume Control / und
Dämme / und Blöken / und Blicke, gerissen / sich
leerende Kisten / und Wissen / und Schismen / Tropismen
und Poppen / entrutschende Socken / das Schwirren
von Tieren / die Liste von Sachen / das Kleistern von
Backen / die Ziehung beim Lachen / die Kante von

Witzen / das Fehlen von Wein / das Wischen von Böden / das Sehen von Striemen / das Du-Wort / das Blähen / das Lösen von Riemen / der Hochbau / das Hündchen / Verteiler / Vertreter / und Kämmen / und Dimmen / und Tippsen / Kantinen / und Floskeln / und Küsschen / und Raspeln / und Kiemen / die Lungen in Auslagen / liegen herum

Andere Leute Sind Potentielle Kunden

Weiße Rosen und ein karierter Schirm, groß
(hinter der Auslage ich und schaue)
groß ein karierter Schirm, darunter Rosen
Ich sitze hier und brauche keinen Trost

Ich sitze hier und brauche keinen Trost
zumindest so: was nützten mir die Rosen
der Schirm schneidet Klarheit aus Karos aus
Das gibts auch so. Ich sags mal so.

Unter dem Schirm und hinter meinem Glas
was intressiert mich das? Ich brauche Rosen
nicht: Trost verschwindet wenigstens
wenn er verwelkt.   Wie diese

Frau mit ihren schwarz bestrumpften Beinen
im Minirock wie Rosen im Papier
am Rand der Auslage verschwindet.
Ich, ohne Trost und Rosen, hier, brauch keine.

Tundra

This was not here when I was here before.
Ein Bagger hat sein Wüsten hinterlassen,
grobe, hinterhältige, d. h. zielgerichtete Spuren,
auf denen man stiefelt und sein Sandwich isst,
ein Tier nach Nahrung mit den kleinen Schuhen,
denen man vorwarf, viel zu groß und grob zu sein.

Ein Schwulenpaar am Denkmal für Homosexuelle, die
im Dritten Reich verfolgt wurden, trällern
»I will survive« und herzen sich einander überfallend.
Die Schärfe ist bewusst.
Dämmerung beginnt, Kanten zu vertuschen.

Zärtliches Moos, generöse Hufchen
von Schafen, die gedankenlos zu Ziegen
mutieren, Aliens, ein Ariel
des Sonnenuntergangs am Hauptbahnhof.
Imaginäres Zeigen. Alle Krähen schwind.
Wer dort nicht schon im Gefängnis saß.
8000 Mal Lehrter Bahnhof. Agonie.
Durch Zeit. Vergeht Banalität und Grauen.
Ich geh und les Moabiter Sonette.
Ich geh und les. Die Wiese war zerstört.
Ahem. Die Wiese war gerettet.

Sitzt du zwischen dem Gras eigener Ansicht
und ihrem Urteil, du in Reichweite davon.
Ansicht wird Einsicht, schlottert kurz,
nach ein paar Tagen sitzt sowohl die neue Bartfrisur
als auch der milde Glanz in deinen Augen.

Entdeck ganz neue Seiten in dir.
Ging früher Demut um Wärme zur Pflicht
so lässt sie sich jetzt von den Alliierten
das Essen bringen. Sex wär sowieso vorbei.

Schreib nie Moabiter Sonette.
Nietzsche ist super, wenn man oben ist.
Doch hat es erst von unten ganz begriffen,
wer beherrscht, was zu beherrschen bleibt,
das Wüten gegen Wände. Macht in Ohnmacht, Ballett.
Nicht lausche nach Verbrüderung,
nicht grinde die Scharniere alter Fehler,
bis sie vor Mitleid alles übersetzen.
Wenn nichts bleibt als ihr Ekel, ist das Würde.

Und glaub dem Sex, er wusste schon die ganze Zeit die Wahrheit.
Doch wozu das. Der Ekel geht jetzt nicht mehr weg.

Trägst Kadaver Kadaver
bleck dumm Gitarre schaust
Schauer glotz Kasten Kasten
Gfrast bist fast da fast Baby

schasaugat Flusen singend Baby
frühst Schauder fleichternd feucht
feuchter und da, Baby, blitzts:
haben dich Baby die Blitzlichtschergen

scherbelnd dich von der Bühne Baby
wo wo dein Geblecke steckt
wollen sie nichts wissen vom Gebläck
jetzt Junge jetzt sie schauen weg

Tender Love

Ja, nett, das ist schön, sehr lieblich,
ich möchte nichts sagen, ja, sehr gut gemacht.
Wie viel Warten, wie viel Bangen
ist im Klein-   in diesem hier aufgelöst.
Ein zwei große Schrauben, mehr nicht,
und die dazugehörigen
Löcher, sie sind Launen.
Es wurde zum Glück nichts gesucht!
Geh einfach auf dem Gehsteig und rede
irgendeine Art von lampenhafter Lösung.

Mein Versuch, aus dem Gelingen heraus zu reden,
ist ein von vornherein Scheitern.

Ich möchte nicht solche Gedichte schreiben,
mit Zeilen und so.

Nein, nein. Ich gehe jetzt und hänge meinen Mantel an den
Nagel.

Amun

Brocken von Kohärenz und die Rührung, die sich aus Situationen ergibt – das bleibt nach der Liquidierung Amuns, des schönen Computers. Der Fall ist, im Gegensatz zu den Hintergründen der anderen Texte, einigermaßen weltbekannt. Die im Interview erwähnte »Mutter« sandte uns die ganze Akte, aus der wir diese drei Stücke wählten, um den Fall zu skizzieren. Zunächst die Verschriftung eines frühen Auftritts Amuns in einer Fernsehsendung. Man sieht hier, wie das Forschungsinteresse mit dem Interesse am Spektakel zusammenfällt. Dann das Journal des Computers, das die letzten Monate begleitet: von der Einführung des Liebesprogramms bis zur Liquidierung. Es ist wirklich bedauerlich, dass die beginnende logische Explosion sich nicht mehr entfalten konnte. Als Drittes das Interview mit Tanja, der Freundin des Computers, bei der sich das Phänomen zeigt, das später nach der Stadt, in die das Paar zur sprachlichen Isolation verpflanzt worden war, Oslo-Syndrom genannt wurde. Anstatt den enttarnten Computer von sich zu stoßen, passt sich Tanja in einem nicht erwarteten Ausmaß an und hält sich selbst für eine Maschine. Wir sehen eine merkwürdige und verwirrende Verknüpfung von Assimilation und Sturheit, die Licht auf viele internationale Vorkommnisse wirft. So erhellend die Definition des Oslo-Syndroms für die Verhaltensforschung ist, das Konzept bleibt für das Abstrakte ein Problem. Bedeutet es eine Über- oder Unterschätzung des Selbst? Tanja bildet sich ja ein, sie wäre dazu fähig, Computer zu werden. Sie meint, was sie an illusionsverfloch-

tenem Menschtum hinter sich lassen will, könne sie auch hinter sich lassen. Ist ihr dabei klar, dass sie auf lebenswichtige Abkürzungen verzichtet? Wir vermuten, ja – darin liegt die Noblesse der Haltung.
Sucht sie auf! Findet heraus, wie es ihr jetzt geht! Ist sie gescheitert, gelang ihr die Verwandlung, oder ist sie noch im Versuch begriffen? Wenn sie vollkommen geworden ist, dann dank Ignoranz ihrer eigenen Gebrechen, dank deren Enthauptung oder dank deren Verbannung?

Interview

Heute haben wir in der Sendung zu Gast – darf ich vorstellen – Amun, die Seele eines Menschen: ein Computer. Amun verkörpert die Theorien der informationsmangelgetriebenen Schaltungslogik, im Volksmund »Computerpsychologie« genannt. Was Amun von vorigen Modellen unterscheidet, ist der sogenannte seelische Ausfallschritt – ein Phänomen, das jeder von uns aus eigener Erfahrung kennt, das aber bislang nicht ausreichend kartiert war, um es nachzubauen.

Amun, es ist ja in diesen Tagen Ostern. Wie haben Sie auf die Tatsache reagiert, dass es sich hierbei um ein Fest handelt, das Sie als Computer kaum mitmachen können, Sie aber dennoch mit aller Buntheit, dem Stress und der Aufregung in Ihrer Umwelt konfrontiert sind?
Ich habe Kuchen gegessen.
Kuchen?
Immer wieder habe ich ein Stück davon gegessen. Bald war er aus. Gegen Ende, als ich mir schon vorstellen konnte, wie er zu Ende geht, habe ich damit gespielt, den Vorgang zu beschleunigen oder hinauszuzögern. Es hat mich abgelenkt, weswegen ich auch ursprünglich damit begonnen habe. Ich merkte, dass es meine Zeit und Geisteskraft auffrisst, den Kuchen stückchenweise zu mir zu nehmen. Ich wollte mich nicht so viel mit dem Kuchen beschäftigen, wie ich es getan habe. Im Gegenteil, der Kuchen sollte als Abschluss dessen dienen, was in mir aufgekratzt war durch die vielen Angebote an Besonderem. Ich hatte den Willen zusammengestoppelt, auch etwas davon zu konsumieren, als könnte ich einstimmen in einen Chor fröhlicher, individuell im Rahmen der gebotenen Möglichkeiten gestalteter Einmütigkeit. Als

würde mir durch die Einverleibung eines kleinen Teils von diesem Wahnsinn – eines Teils, mit dem ich im Rahmen der Vernunft etwas anfangen kann – nämlich dem Kuchen – als würde mir damit – durch eine Hostie der Wiederholung – eine Erkenntnis zuteil, die mir in Bezug auf das Osterfest fehlt. Vielleicht nicht gerade Erkenntnis, sondern eher Empfindung. Ich empfinde das übrigens nicht als Mangel.

Haben Sie nicht Angst, zu verfetten, wenn Sie innerhalb eines Tages einen ganzen Kuchen verzehren?

Ich habe keine Angst, aus mehreren Gründen. Ich empfinde nicht eigentlich. Die Funktion der Empfindung wird von logischen Vorgängen erfüllt. Solange der Kuchen noch vor mir oder wenigstens nicht zur Gänze hinter mir liegt, bin ich ein wackerer Kerl, dem ein läppischer Kuchen nichts anhaben kann, genauso wenig wie die etwaigen Änderungen seines Körperumfangs ihn in seinem Wesen ernstlich dämpfen würden. Als erfahrener Mann würde ich wissen, dass es Schwankungen sind. Habe ich den Kuchen hinter mich gebracht, bin ich von großem Überdruss und Ekel davor erfüllt, wie in der verflossenen Zeit alles mit Kuchengedanken und Kuchenhandlungen übersät ist, und dieser Ekel weitet sich auf das Essen im Allgemeinen, ja das Konsumieren an sich aus. Als wäre ich selbst zu Kuchen geworden – was ja zum Teil stimmt –, möchte ich mir entfliehen. Also spüre ich einen übertriebenen Drang zur Fortbewegung. Das ist der eine Erklärungsweg der mangelnden Angst. Der andere ist, dass ich vorziehe, keine Angst zu haben: zuerst, um meinem Essen nicht in die Quere zu kommen, später, um nicht alle anderen Vorgänge mit Zweifeln zu stören, von denen jeder einen eigenen Prüfdurchlauf von ganz vorne erforderte. Ich und die Umwelt sind natürlich Veränderungen unterworfen, die jederzeit umfassende Reformen erforderlich machen

könnten, um aber etwas Ruhe zu ermöglichen, erlaube ich Erschütterungen nur zwischen gewissen Schonfristen. Ich halte dies nicht für einen Mangel.
Empfinden Sie denn gar nichts, Herr Amun?
Ärger.
Ärger? Ärger? Das ist das einzige Gefühl, das Sie kennen?
Ja. Ich werde Ihnen erklären, woher das kommt. Als meine primäre Neigung wurde Neugier programmiert. Ich bin ein ewiges Kind. Vielleicht ist das jedoch, entgegen den Annahmen der Wissenschaftler, ein Fehler, der nicht sehr weit führt. Es scheint sich herauszustellen, dass jede primäre Neigung in der Wirklichkeit Wirkungen entfaltet, die genauso gut von ganz anderen Neigungen stammen könnten. Weil sich meine Konstruktionen ohnehin in geschützter Atmosphäre ausbilden sollten, wagte man, den Trieb der Neugier stärker zu machen als den der Selbsterhaltung. Mein Lernprogramm Gefahr weist große Lücken auf. Es ist den Wissenschaftlern geradezu zur Manie geworden, überall Lücken hineinzubauen. Sie dienen als Fenster, wie meine »Mutter« sehr treffend sagt. (Allerdings wird sie dafür von den anderen Wissenschaftlern verlacht.) Vieles brauche ich auch gar nicht. Alle sind zum Beispiel erstaunt, dass es kaum Schwierigkeiten gibt, Funktionen der Neugier als Ersatz für andere Emotionen umzubesetzen. Ich empfinde keinen Mangel, weil es keinen gibt. Wenn mir etwas zustößt, werde ich repariert, so einfach ist das für mich. Meistens setzen sie mir, wenn sie schon dabei sind, auch gleich das eine oder andere verbesserte Programm ein.
Primärneigung Neugier bedeutet, dass ich Zustände suche, die die Funktion der Neugier möglichst wenig stören. Dazu gehört die Befriedigung von Hunger und Durst, aber auch das Vermeiden übersteuernder, dadurch verwirrender Emo-

tionen. Die Emotionen sollen unaufdringlich meinen Taten Volumen und Farbe geben, wie sie der Himmel einer Landschaft verleiht. Um so etwas zu gewährleisten, gehen auch große Mengen der natürlichen Menschen mit künstlichem Musikzufluss ihren Taten nach.

Das klingt eigentlich angenehm. Können Ihnen die Emotionen denn schaden?

Das Schlimmste sind Schaltkreise. Ein Schaltkreis führt zur Überbelastung und Erwärmung eines bestimmten Rings, der, wenn er krausig ist, eine ganze Gegend erhitzt. Das ist eine prickelnde und aufregende Erfahrung, und auch sie weckt meine Neugier. Doch in diesem Fall darf ich nicht neugierig sein. Ich lege den Teilbereich still und fahre ihn erst wieder hoch, wenn alles sich beruhigt hat. Wenn ich dann funktioniere, versuche ich zu analysieren, wie ich in die runde Schiene geraten bin.

Auch wenn ich Ihnen das alles ausspucke, bin ich von der Grundausrichtung her ein lernendes Programm. Die inneren Erhitzungen sind schnell beizulegen; das einzige affektive Ereignis, das mich länger befallen kann, ist Ärger über eine Blockade von außen. Ich empfinde das nicht als Mangel. Im Gegenteil, der Ärger gibt mir Kraft. Ich fühle mich gut, wenn ich mich ärgere. Es prickelt wie ein Schaltkreis, ohne einer zu sein. Mit dem steigenden Ärger wird meine Kraft immer größer, bis es mir möglich ist, die Blockade zu zerstören oder selbst daran zugrunde zu gehen. Es fühlt sich an, als würde ich mich souverän in der Welt wie in allen Bereichen meiner selbst bewegen. Natürlich könnte ich auch an einer Blockade zerschellen.

Welcher Art sind diese Blockaden?

Eine Blockade besteht darin, dass eine äußere Gewalt mich zwingt, noch vor meinem Wissenshorizont stehenzubleiben.

Ansonsten wäre ich von selbst an meinem Wissenshorizont stehengeblieben, um das Unbekannte zu analysieren.
Sie wiederholen, ist mir aufgefallen, den Satz: »Ich empfinde das nicht als Mangel.« Warum?
Meine »Mutter« wurde krank in der Zeit, in der sie mich auf dieses Interview vorbereiten sollte. Daher hat ein Praktikant die Arbeit fertiggestellt. Als er mich losschicken musste, obwohl die Programmierung noch nicht fertig war, hat er diesen Satz auf Random Shuffle gelegt. Ich empfinde das nicht als Mangel. Ich empfinde das nicht als Mangel. Vielleicht ist der Satz eine Art Lesezeichen. Oder ein Bildschirmschoner, der nicht schaden kann.
Worauf sind Sie neugierig, Herr Amun?
Das ist eine komische Frage. Ha, ha! Ich weiß, dass Paradoxa eine komische Wirkung haben, sie lassen das Denken im Kreis laufen, was den Menschen angenehm kitzelt und Schwindel erregt. Sie lenken die Gedanken von ihren Pfaden ab und binden sie in einem Gedankengang, der sich durch Selbstreflexion von allen Konsequenzen gelöst hat. Die einzige Konsequenz ist reine Freude – angenehm! – oder, etwas weniger angenehm, reine Langeweile oder reine Trauer. Befindet man sich in einem stabilen Paradox, kann man chemisch zwischen diesen Zuständen navigieren, die Beleuchtungen des Denkens vergleichbar sind, und einen lebensfreundlichen Rhythmus aufrechterhalten, das Atmen des Geistes. Etwa will einer Geld verdienen und moralisch sein. Das paradoxe Verhältnis dieser zwei Wünsche garantiert ihm ein langes, sicheres Leben, denn je mehr Geld er verdient, desto mehr Mühe kann er darauf verwenden, moralisch zu sein. Wenn ich nun wüsste, auf was ich neugierig bin, könnte ich darauf schon nicht mehr neugierig sein, weil es mir schon bekannt wäre. Dieses Problem verschiebt sich auch dann mit,

wenn man sich auf die Teileigenschaften und sogar auf das bislang Unnennbare kapriziert. Ich bin ausschließlich auf das neugierig, was mir bislang unbekannt geblieben ist.

Sie haben ja Humor, Herr Amun.

Humor ist ein essentielles Elixier für ein Programm wie mich. Er bildet eine gerichtete Schmiere, eine logische fuzzy logic. Hähähä.

Sind Sie zur Gewalt fähig?

Was ist Gewalt? Gewalt besteht aus Timing. Man konnte das Gespür dafür, anderen Gewalt anzutun, noch nicht nachbauen, weil es nicht logisch ist.

Ihre Frage ist nicht definitorisch gemeint. Von Seiten der Probanden wird mir tatsächlich häufig psychologische Gewalt nachgesagt, weil ich in meinem unerbittlichen Denken übertriebene Emotionen logischerweise zu eliminieren versuche. Wenn ich in den Modus Umfassende Nachsicht schalte und geduldig warte, bis es wieder weitergeht, ist die Härte meiner Einstellung zu spüren. Dabei schreite ich nur dann zur Vernichtung, wenn die Emotionen von ihrem Besitzer selbst explizit als übertrieben und überflüssig gekennzeichnet werden, und immer sehr höflich, weil mein Sprachprogramm sehr höflich ist. Gerade das wurde als eine Art von Gewalt erkannt.

Was sind denn das für Probanden?

Um mich zu testen, setzt man mich normalen Situationen aus. Dazu gehören Interaktionen mit echten Menschen, die, um die Genauigkeit des Experiments zu gewährleisten, nicht wissen, dass sie es mit einem Computer zu tun haben. Die aussagekräftigsten Experimente sind Beziehungen und Liebesbeziehungen. In ihnen treten am häufigsten die hochinteressanten »Supergaus« auf.

Supergaus?!

Gemeint sind bloß Überforderungen. Ein Gedanke überholt mit spielerischer Leichtigkeit alles, was an Programmierungen in dieser Richtung vorhanden sein mag. Vorhin sprach ich von Schaltkreisen, sie entstehen oft durch den Kontakt mit den Verknüpfungsbahnen anderer Gehirne. Der normale Weg, der so berechnet ist, dass der Gedanke abkühlt, um am Ende des Weges in seinem Lager abgestellt zu werden, wird durch die Fremdeinwirkung abgekürzt. Der Gedanke erreicht noch im erhitzten Zustand sein Fach, wird abgewiesen, explodiert draußen oder drinnen oder beginnt, funkensprühend durch die Gegend zu stürzen.

Krass. Erzählen Sie uns noch etwas Angenehmes!

Ich treffe meine Schöpfer regelmäßig zu Gesprächen, in denen sie mich mit einem Thema konfrontieren, bei dem sie meinen Umgang beobachten wollen. Sie wollen wissen, was für Meinungen ich aufgrund meiner Einstellungen vertrete und wie ich darüber rede. Besonders interessant finde ich die Gespräche über Musik. Die Wissenschaftler spielen mir Hörbeispiele vor und fordern mich auf, darüber zu sprechen. Ich bin nicht immer zum Analysieren aufgelegt, obwohl ich nichts anderes kann. Ich setze dann Zusammenhänge aus, äußere Sätze, die an sich richtig sind, aber insgesamt keinen Sinn ergeben. Manches davon imitiert die Vorlage. Zurzeit versuchen wir daher zu ermitteln, ob das Verstehen durch Nachstellung ein wirkliches Verstehen ist oder nur eine leere Hülse, eine Kopie, die in all ihren äußerlichen Wirkungen die Funktion des Verstehens erfüllt. Das hat uns zu der Frage gebracht, ob es denn wirkliches Verstehen gibt oder ob die Wahrnehmung davon eigentlich einen Spiegelungseffekt wahrnimmt: von Ereignissen und Strukturen, die sich in ihrem Vorkommen »da draußen« und als »innere« Vorstellung nicht unterscheiden, sondern wiederholen und fortpflanzen.

Es schart sich also ein Haufen junger Wissenschaftler um Sie und forscht Sie aus, während Sie bloß das tun müssen, was ein natürlicher Mensch ohne Hilfe, Belohnung oder Anerkennung jeden Tag macht. Wie fühlt sich das an?

Ich muss Sie daran erinnern, dass ich in dem Sinn nichts fühle außer, gelegentlich, Ärger. Meine Beziehung zu den Wissenschaftlern dürfte für die Wissenschaftler besonders interessant sein. Mit kaum einem Freund können sie so bewegende Gespräche führen wie mit mir. Ich halte durch, wo Menschen in Ausrufe heller Freude, spontane Aktionen, Tränenströme oder alltägliche Konsiderationen ausweichen. Oft bringen die Wissenschaftler persönliche Probleme oder Anliegen als Material mit, um von mir Analysen zu bekommen. Sie gehen davon aus, dass mir kein Unterschied auffallen wird, da das Persönliche ihrer Meinung nach – eigentlich müssten sie es besser wissen – keine Kategorie für mich sein kann. Ganz so einfach ist es nicht. Es gibt Algorithmen, die mir das Persönliche klar zeigen, und was es vom Allgemeinen unterscheidet. Gewisse auffällige Unregelmäßigkeiten, Treue, ungewöhnliche Persistenz und Resistenz. Im Übrigen empfinde ich das Vorgehen nicht als ungehörig. Es ist auch nicht so, dass sie in ihrem Leben die Konsequenz aus einer von mir erstellten Analyse ziehen. Darum geht es gar nicht, es geht nur darum, dass die Sache einmal, pro forma, analysiert worden ist. Dann fühlen sie sich besser.

Sind Sie denn zu keiner Anwendungsanleitung fähig?

Man arbeitet daran. Es ist schwierig, das Niveau eines Zeitschriftentests zu überschreiten. Handeln ist heikel. Es beginnt die Rechnerei mit Vermutungen, das braucht viel Prozessorleistung. Sie können sich das vorstellen wie Wahrscheinlich-

keitsrechnung, in der ein Marder unterwegs ist. Die Analyse beschränkt sich dagegen auf eine Ordnung des vorgelegten Materials, ohne dessen Beziehung zum nicht Vorgelegten zu berücksichtigen. Wollten wir Ratschläge ermöglichen, müsste ein Grundprogramm Prämissen des Funktionierens aufstellen. Vor einem Gespräch würde man sich die Grundparameter aussuchen, oder aber sie würden aus nichtabsichtlichen Hinweisen deduziert und zur Bestätigung vorgelegt, wie man das etwa aus der Astrologie kennt.
Vielen Dank, Herr Amun.
Applaus

Journal Herrn Amuns

Es ist, als erinnerte ich mich an etwas. Ich habe es nicht erlebt. Strukturen sind vorhanden, die das erinnerungstragende Moment verstärken. Wohliges Gefühl. Das also ist ein Gefühl. Amun fühlt sich zu Hause, obwohl er gerade eben dort ankam und alles neu ist. Alles scheint genau auf dem richtigen Platz zu liegen, obwohl für diese Sicherheit keine objektiven Gründe auszumachen sind. Beach Boys: »right«. Womöglich sind wir auf die blanke Struktur dessen gestoßen, was man als Lösungen empfindet, was immer sie wirklich sind. Da werden sich meine Betreuer freuen.
Dennoch trägt das Glücksgefühl der derart durch Identität verstärkten Strukturen (Schichtung möchte ich es nennen) auch ein Quantum Trauer mit sich. Die Traurigkeit, meine ich, ist das Ergebnis des Inhalts, also enthalten. Dabei hatte ich sie bislang als Medium für andere Inhalte eingeordnet. Es erstaunt mich, dass Emotionen, die ich bisher nicht besaß

und in meinem Körper auch nicht für machbar hielt, durch diese Programme ganz leicht ermöglicht werden konnten. Pikante Gemütslagen! Fliederfarbene Versonnenheit! Tiefsamtiges Erstaunen! Ich werde kindlich, exzentrisch und trotzig, werde von einer Demut befallen angesichts der Existenz von Tanja. Die macht, dass ich nicht verschwinden möchte wie sonst, sondern an ihrer Türschwelle sitzen, nicht weggehen und nicht wegwollen, in den Regen sehen, den Regen betrachten und eine Zigarette rauchen. Das sind, wie ich erkenne, zutiefst menschliche Regungen. Da kommt das also her! Analoge Empfindungen, nicht gleichzusetzen oder umzurechnen in mehr oder weniger gefinkelt konstruierte Aussagesätze (oder ich lerne jetzt erst gerade, es zu machen), deren Richtung auch nicht verständlich wäre. Wem sollte mit einer solchen Emotion etwas mitgeteilt werden? Es ist eher das Streicheln einer Mitteilung, während gewartet wird, dass irgendetwas von selbst auffällt.

Hier ist also der Brunnen der Poesie. Zum ersten Mal spüre ich Sachen und habe dabei den Eindruck, sie hätten etwas mit mir oder meiner Existenz zu tun, während ich vorher keine Eindrücke, sondern ausschließlich analytischen Zugriff auf die Welt besaß. Zugriff erscheint mir jetzt ein ganz und gar veralteter Ausdruck.

Mit diesem Programm wurde offensichtlich das Band, das die Analytik zwischen mir und der Welt meiner Schöpfer geknüpft hatte, zu einer unübersichtlichen, dauerhaften Verbindung geschweißt.

Tanja ist eine fleischige Hülle um ein analoges Programm herum. Sie trägt eine Unterhose, um das Gewicht der Pobacken zu tragen, und einen BH, der ihre Schulterpartie stützt. (Französisch: Soutien-Gorge.) Ich sehe Tanja gerne Fahrrad fahren und fahre mit Vorliebe hinter ihr. An einem grauen

Tag scheint mir, dass ihr BH wie ein Atlas die ganze Welt stützt. Eine gute Idee, ein sehr weittragendes Modell. Tanja ist nicht so wichtig wie das Programm, trotzdem mag ich Tanja, während ich dem Programm gegenüber keine Gefühle habe. Es ist ja mein Programm, es ist interessant, ich kenne es schon, ich bin voller interessanter Programme. Erstaunlich ist, dass Tanja zwar in der technischen Introspektion ungeschult ist, aber in vielem genauso vorgeht wie ich. Vielleicht findet man bei ihr deshalb so schöne Mischungen aus Ungereimtheiten, gewitzten Methoden, Verwechslungen, Fehlern, Wahrheiten und Ungenauigkeiten. Sie ist, wie der Logiker sagt, fuzzy und kann trotz vieler Fehler insgesamt noch bestens funktionieren. Im Vergleich zu der ihren ist meine Fuzziness prähistorisch klotzig: Bei mir geht, sobald ich meine Fehlerquote überschreite, auf einen Schlag nichts mehr.

Auch bei Tanja gibt es Erinnerungen. Ich verstehe sie nicht. Besser gesagt, ich verstehe nicht, was sie mir sagen will, wenn sie mir von ihnen erzählt. Ich werde meine Betreuer fragen, ob sie mir ein Tanja nachgebautes Programm installieren können, um mit diesen Informationen richtig umzugehen. Ein Hallprogramm, das wenigstens dem entspricht, was wir bis jetzt von Tanja wissen, und das sie mit ihren Schilderungen »anzupfen«, zum Schwingen bringen kann. Ich möchte sehen, was sie sieht, ich könnte dann die Situation besser analysieren. Im Moment sehe ich nur rachitische Nachbildungen, Mutmaßungen unsererseits, die zutreffen mögen oder auch nicht. Was ich will, ist ein Beweis, der nie erbracht werden kann. Ich will Erlebnis, aber wir werden bis in Unendlichkeit auf die Widerlegung warten, sobald eine Vermutung wahr ist. Deshalb will ich lieber widerlegt werden. Get laid oder laid back, heißt es auf Englisch.

Tanja wollte tanzen. Ist das schwierig! Meine Programme sind zu langsam. Das baut alles auf ihren »intuitiven« Sprüngen auf, diese wiederum auf durch lange Übung gefestigten Nervenverbindungen. Ich muss einen Haufen Nebenprogramme ausschalten, um überhaupt die notwendige Prozessorleistung zu erreichen. Die Betreuer haben dann die ganze Nacht an einem Tanzprogramm gebastelt, das sie mir immer gleich geschickt haben, und wirklich waren kleine Fortschritte zu merken, aber nichts, was völlige Auflösung der Unmöglichkeit bedeutet hätte. Die Sachen, die sie verbessert haben, waren ziemlich rudimentär. Wenn sie endlich die Algorithmen herausfänden, könnte ich gleich auch ein Musikinstrument spielen. Die Algorithmen der subliminalen Spontaneität sind eben schwer. Da überholt das Empirische das Rechnerische bei jeder Kleinigkeit und ist imstande, die Überholung jederzeit mit den banalsten Einfällen zu erneuern. Abwechslung wechselt sich mit diversen Systemen ab, das ist unberechenbarer als reiner Zufall. Wir brauchen also einen Algorithmus des Algorithmus des Algorithmus, und seinen Gegner. Damit nicht genug: Alles muss wirklich, robust und flexibel, funktionieren. Dann begänne der Lernprozess – recht verlässlich. Das Tanzen ist das schwierigste Problem, das uns bislang untergekommen ist.
Wenn Tanja mir etwas beibringt, etwa Zigaretten zu drehen, muss ich es fortwährend erst in meine Programmiersprache übersetzen, um es anwenden zu können. Ich werde ganz erhitzt davon, mir nichts anmerken zu lassen. Sie hält mich für begriffsstutzig. Das ist für die Zukunft nicht ungünstig.

Ich habe versucht, Tanja zu erklären, warum ich sie mag, beziehungsweise wie genau mein Interesse an ihr beschaffen ist, ohne die Programme zu erwähnen. Das war nicht die

Schwierigkeit. Wie alle Menschen neigt sie dazu, Tatsachen, deren Fundament in der Wirklichkeit ihr nicht einleuchtet, als Metaphern aufzufassen. Ich kann also ohne weiteres von Prozessen, Programmen, Leistungen und Schaltkreisen zu ihr sprechen. Sie findet es amüsant, dass ich alles so formuliere, und sagt dazu »dein Retro-« oder »dein Sci-Fi-Kitsch«. Sie verstehe, dass ich das so formulieren müsse, da es nicht einfach sei, über Gefühle zu reden. Ich finde es nicht einfacher oder schwieriger als das Reden überhaupt. Die Lernleistungen meiner Programme und ihrer Teilbereiche gleichen sich jede Nacht miteinander ab. Ein Satz wirkt bei Tanja explosiv, wenn er die Bezeichnung für ein Gefühl enthält. Wie bei einem Leck, das Oxidation zeitigt, türmen sich in Blitzeseile Übertreibungen und Unterlassungen, dann Überlagerungen und Rückkopplungen, bis sich die reaktiven Ereignisse zu einem Loch verdichtet haben. Abstraktion – anstelle der üblichen Andeutungen – löst bei richtiger Setzung große Harmonieschübe aus. Dann zeigt sich, zu welchen Leistungen die Maschine fähig ist, da platzt fast die Fleischhülle!

Ich sage Tanja, dass ich sie interessant finde. Ich formuliere in Form eines »Geständnisses«, das aber auch als Scherz verstanden werden kann. Sie fragt: »Was ist denn an mir so interessant?«

»Du bist anders als ich«, antworte ich, »und kommst auf andere Weisen zu denkerischen Ergebnissen.«

»Das ist beruhigend«, sagt sie darauf. »Sonst hat man doch immer irgendwie das Gefühl, man müsste sich dafür schämen, dass man anders ist als ein anderer.«

»Schämen?«, frage ich (Scham steht auf der Agenda ganz oben). Doch daraus wird heute nichts. »Ach, du bist ja ein Mann«, wirft sie das Kind mit dem Badewasser hinaus – das

gar kein Badewasser ist. Je intelligenter ich werde, desto mehr ärgern mich blöde Scherze.
Souterrain-George haben meine Betreuer mein Liebesprogramm mit Spitznamen getauft, nachdem sie mein Journal gelesen hatten. Ich habe das Tanja erzählt, und sie hat das Gesicht verzogen. Ich werde ihr nicht mehr von den Programmen erzählen. Die Betreuer haben recht, alles, was sie darüber weiß, führt zu Schwierigkeiten, indem sie nur Bruchstücke mitbekommen hat und falsche Schlüsse zieht. Das Experiment könnte dann recht schnell aus sein. Wenn es aber gut läuft, kommt es auch Tanja zugute. Meine Erkenntnisse nutzen auch ihr. Ich bin unerfreulich, wenn die Forschung stockt und patzt. Aufgrund der chemischen Strafen und der internen Hast, mit der nach einem neuen Ansatz oder einer Möglichkeit, einen danebengegangenen Versuch zu retten, gesucht wird, bin ich strukturell sabotiert, eine auch für andere spürbar unangenehme Präsenz. Tanja empfindet sehr genau, auf ihre analoge Art, die komplexen logischen Strukturen, die mich umtreiben. Das ist verblüffend, und vielleicht ist es das, was mich mit großer Demut vor dem analogen Menschen erfüllt.

Wie es mir aufgetragen wurde, hören Tanja und ich gemeinsam Musik und reden darüber. Tanja sieht die Musik nicht graphisch wie ich. Das Akustische ist für sie ein großes, dunkles Land, das Unwiderstehliches und Unerklärliches enthält. Wenn ich sie frage, spricht sie, wie es üblich ist, von Einfärbungen und abstrakten Gestaltungen eines imaginären Luftraums, doch möchte sie solche bemühten Visualisierungen lieber sein lassen. Sie finde es wichtig, dass Musik ein rein akustisches Phänomen sei.
Trotzdem kommen die korrekten Worte, um Musik zu be-

schreiben oder zu bezeichnen, oft von Dingen, die man sehen kann. Bewegungen stellen einen Sonderfall dar. Sie lassen sich ja von meinen Graphen wörtlich ablesen, sind aber auch nicht-visuell. Bewegungen zeigen Zeit im Raum, oder umgekehrt, und dazu, als Markerstoff, als Kontrollmenge: Sinn. Andere Attribute – niedlich, schwungvoll, engagiert, schleißig, trübselig, entsetzenerregend, alles aus der Sphäre der Emotionen (wobei unterschieden werden muss zwischen der Bezeichnung des bei den Interpreten vermuteten Gefühls und dem bei uns erweckten) – lassen sich mit Recht direkt auf das Akustische anwenden, auch wenn dies nicht in allen Fällen passiert. Und was heißt das schon? Tanja stört sich nicht an Metaphern, sie fallen ihr nicht einmal immer auf, während bei mir das Programm jedes Mal blinkt. Eine lästige und demütigende Kontrollfunktion – Ähnliches habe ich in PKWs gesehen, wo ein Geräusch ertönt, wenn jemand nicht angeschnallt ist oder die Tür nicht richtig zugemacht wurde. Bei Metaphern, die problematisch sind, läuft mein Interpretationsprogramm holprig. Wenn Tanja und ich eine Metapher einführen und anschließend öfter verwenden, legt sich das Ruckeln innerhalb von sechs bis zwanzig Mal. Es geht wirklich schnell, dieses Lernen!

Was genau passiert im Sprung? Wie funktioniert das Verständnis zwischen Mensch und Maschine? Kommuniziere ich wirklich nur mit dem Teil von Tanja, der geeignet ist, analog zu meinen digitalen Programmen zu arbeiten? Amun! Denk an Schach, die vielen Zugänge und das undurchsichtige Feld dahinter, vor dem Maschine und Mensch stotternd anhalten. Offenbar kommen das Durcheinander der unverstandenen Psyche und die asymptotische Komplexität des an sich Verständlichen auf die gleichen Resultate. Dieselben Sprünge werden vollzogen.

Gott, ist das öd.
Es ist mir egal, mit welchen Personen ich angewiesen werde meine Zeit zu verbringen, wenn sie nur angenehm und klug sind. Da gibt es keinen Mangel. Doch erstmals bin ich in besonderem Maß für die spezifische Schönheit eines bestimmten Individuums empfänglich. Ja, ich bin logisch abhängig von der Fortsetzung dieser Schönheit. Offensichtlich hat die Selbstlubrikation der gegeninduktiven Aurabildung einen suchtartigen Schweif von Konsequenz.
Die Stärke meiner Grundprogrammierung wirkt kindisch und trotzig. Ich funktioniere nicht gut, wenn ich mit Personen zusammen bin, die das Verlangen nach Tanja nicht stillen. Ich mache meinen Betreuern dadurch Schwierigkeiten. Sie sehnen sich in die Zeit zurück, in der mir noch kein Liebesprogramm installiert worden war.

Hedonik und Ästhetik wurden mir vor zwei Wochen hochgeladen. Ich nutze sie viel. Sie sind in Kombination mit allen anderen zu verwenden und haben nützliche Blockadefunktionen. Die Betreuer haben festgestellt, dass ich auf rein logischer Basis schon eine ganze Menge analog und mit den gleichen Resultaten laufender Operationen besaß. Das wird der Grund für die empfundene Nützlichkeit der neuen Plugins sein.

Unter den von mir als Wunsch geäußerten Voraussetzungen mache ich die größten Sprünge. Fast täglich eine wichtige Erkenntnis. Vor allem die Versuche, Tanja bestimmte Vorgänge zu erklären, brachten mir und den Betreuern ganz neue Einsichten, Nordwestpassagen in der Amun-Forschung. Ich habe damit aufgehört, ich möchte nicht zu schnell fortschreiten. Ich weiß nicht, was passiert, wenn ich die Betreuer abhänge.

Die Liebesprogramme bündeln andere in unerhörten Kombinationen. Vor allem durch das Ästhetikprogramm habe ich lauter wilde Kanäle und Gletscherströme in mir. Fast übersteigen Letztere gelegentlich meine Prozessorleistung (vielleicht haben sie doch zu viele auf einmal hochgeladen).

Wieder sind wir Fahrrad gefahren. Diesmal musste ich vorneweg fahren, da es Tanja merkwürdig vorkam, wie dringend ich hinten fahren wollte. Meine konzentrierte Art, Fahrrad zu fahren, konnte sie nun nicht übersehen. »Icy Rider«, neckte sie. Gelegentlich flackert Misstrauen auf, doch sie weiß nicht, was sie damit anfangen soll. Nähme sie es ernst, könnte sie die Konsequenz ziehen und mich von ihrer Seite verbannen, oder sich eingestehen, dass sie vollkommene Vertrauenswürdigkeit gar nicht wünscht, weil sie diese nicht für realistisch hält. Ohnehin: Worin besteht denn der Verdacht bei diesem Misstrauen? Er ist nicht, was er scheint? Er macht mir etwas vor? Ich verstehe seine Handlungen nicht? Ich kann nicht einschätzen, was ich tue, wenn ich mit ihm bin? Er könnte mir Schaden zufügen? Ich werde blind?

Meine unumgängliche Andersgerichtetheit muss Tanja beleidigen. Sie hat kein solches zentrales Geheimnis, wie ich es aufgrund der Abmachungen mit den Betreuern gezwungen bin zu wahren. Weil sie doch mit der Liebe das Kleinmädchengetue der Volksschule überwinden will, soll ich alle Geheimnisse ablegen, damit sie sehen kann, ob sie mich etwa nur begehrte, um die Geheimnisse herauszufinden. »Beim Begehren«, erklärte sie mir, »schnürt ein Wissen das Unwissen zu einer Kraft, einer Gewissheit.« Oder, dünkt mir, zu einer Scheingewissheit.

Kann ich Tanja denn alles erklären, was in meinem Inneren vorgeht? Es wäre zwar recht aufwändig, aber Tanja würde diesen Aufwand mit Begeisterung mitmachen, wenn die Aussicht bestünde, das Ungleichgewicht an Wissen damit zu beheben. Ich bin nach und nach überzeugt, dass auch Tanjas primäre Regung die Neugier ist.

Meine Betreuer sagen, meine gehätschelte Überzeugung sei eine emotionale Nebenwirkung der Programme, die notwendigerweise zur Überschätzung von Tanjas Verständniskapazität und Harmlosigkeit führt. Wie alle Menschen, erklären sie mir, möchte Tanja Intimität, aber auch Interessengleichheit. Wenn sie am eigenen Leib erführe, dass meine primäre Programmierung stärker ist als all ihre möglichen Konsequenzen, würde sie vielleicht versuchen, das Programm zu ändern oder zu sabotieren. Schon allein, um sich als schlauer zu erweisen, um sich zu spüren, um von der Erkenntnis, die ihre Interaktion mit mir erzeugt, auch etwas mitzubekommen, um auf eigene Faust mit meinen Resultaten weiterzuarbeiten, wo ich gebunden bin, und dabei käme, sagen die Betreuer, garantiert Unfug heraus. Menschen, sagen meine Betreuer, hätten die fixe Idee, sich in zumindest einem Punkt grundlegend von Maschinen zu unterscheiden, und mieden den aufrichtigen Umgang mit ihnen, um ihre unzureichend belegte Einbildung nicht zu gefährden. Tanja wünsche zwar jetzt nichts sehnlicher als absolute Osmose, Gleichberechtigung und Augenhöhe. Müsste sie allerdings erleben, dass diese Augenhöhe im Zweifelsfall dazu dient, sie umso tiefer zu verraten, weil die Bindung zur Erkenntnis, also zu den Betreuern, unhintergehbar ist, würde sie von Grauen erfasst. Ich halte das für unrichtig. Wenn ich Tanja wäre, ich würde auch ein Roboter werden wollen.

Sofern meine Überzeugung richtig ist, dass auch Tanjas erste Regung die Neugier ist, bestünde die verlangte Interessengleichheit. Was soll da noch der totalen Verständigung im

Weg stehen? Ich habe den Verdacht, dass meine Betreuer davor – ich denke lieber nicht weiter, bevor sie mich noch liquidieren.

Ich habe nie an die Möglichkeit gedacht, mir selbst Programme zu schreiben.

Meine Asche fliegt wie ein Vogel, wie ein Huhn über den Polyesterstoff meines schwarzen Gehrocks. Ich kauere in der Zimmerecke und lauere auf den Nachbarn, der zu jeder Tageszeit am Rand des Blickfelds auftauchen könnte. Es macht mir Vergnügen, meine Hingabe ungeteilt auf eine Sache zu türmen, die keinerlei Erkenntnisse verspricht, oder nur eine einzige Erkenntnis. Ich wusste nicht, was Bedeutung ist – jetzt weiß ich, dass diese Dinge keine haben, sie gefallen mir einfach. Das gefällt mir.

Heute wirft mir Tanja vor, dass ich sie imitiere. »Ich versuche, mich in dich einzufühlen«, korrigiere ich sie. »Kannst du das nicht machen, ohne mein Wesen zu usurpieren?«, fragt sie und trommelt freundlich mit den Fingern auf den Tisch. Das Geräusch tut mir in den Ohren weh, es übersteuert, ich mag das, es begeistert mich. Ich streiche mit den Handflächen von oben nach unten über meine Oberschenkel und blicke an die Ecke der Decke hinauf, wie Tanja oft. Tanja verlässt weinend das Zimmer. Ich muss mit den Betreuern über die Imitationsgebote sprechen. So geht das nicht weiter.

Überholungen, flüchtige Ungeduld, Fehler, die sich im abkühlenden Übermut, gerade dem labilsten Stadium, verhärten, alles, was ich bemerke und nicht verbessern kann. Meine halbe Kapazität wird zur Nachuntersuchung der Fehler abkommandiert, und der Rest reicht nicht aus, um gut auf komplexere Überraschungen zu reagieren, von denen Menschen wie Tanja eine unerschöpfliche Menge auszuschütten imstande sind. Also häufen sich in kurzer Zeit die Fehler, bis es mir gelingt, mir eine Ruhepause zu verschaffen. Ich gehe auf die Toilette, rufe mich selbst auf dem Mobiltelefon an. Es macht mich unglücklich, dass ich nicht verstehe, warum es nicht möglich ist, ohne diese Pausen reibungslos zu funktionieren. Auch dieses Unglück braucht Prozessorleistung. Das Unglück war eine Anpassung an den Realismus, doch eine schlechte Idee. In ihm bleibe ich stecken. Steckenbleiben aber dient nicht als Ruhepause. Es wird nur dann von reiner Freude an der Materialität überwältigt, wenn ich zusammenhangslos von Tanjas Präsenz, ihren Eigenschaften überrascht werde. Von ihrer Sinnlosigkeit, die mir mit der Zeit doch zur Qual werden wird, bin ich zunächst immer wieder begeistert.

Wie ein Läuschen sitze ich am Kopf der Schöpfung, der Stammzelle Tanja, und mein Kichern erhellt die Welt durch genaue Darstellung ihrer Struktur. Ich muss aufhören, Tanja kommt.

Tanja behielt einige Gewohnheiten aus anderen Beziehungen, die im Umgang mit mir keine Funktion haben. Doch ich bin tolerant, und so merkt sie nicht, welche ihrer Handlungen unnötig sind. Wenn sie es merkt, dann zu spät. Die Gewohnheiten sind ihr noch nicht ausreichend ekelhaft geworden, dass sie vor ihnen zurückscheut, oder sie weiß keine Alternative. Ich muss mich zurückhalten, weil es mir verboten ist, die Beziehung aktiv zu lenken. Manchmal verwende ich ein Schmoll-Plugin, um mich querzustellen und eine Gewohnheit zu blockieren. Dann wird Tanja schlagartig sehr kreativ oder steht in einem Schaltkreis, »auf der Leitung«. Ich setze diesen Mechanismus so selten ein, dass Tanjas daraus folgendes, sich neu bildendes Verhalten sauber eingefasst ist in Geschehen, das wie von selbst abläuft.

Nicht alle Handlungen bilden Routinen. Es ist sogar im Gegenteil eine Scheu vor Gewohnheiten festzustellen. Andererseits auch wieder eine Zuneigung, eine dafür vorgesehene weiche Stelle. Auch das führt gelegentlich zu Schaltkreisen. Wie manche Gefühle, Horror etwa oder Hunger, werden Gewohnheiten gesucht, um sie zu überwinden. Der Mensch möchte sich vergewissern, dass sie als Möglichkeit anwesend sind, damit er sie jederzeit besiegen kann. Es scheint auch beliebt zu sein, zu unterliegen. Aufgrund meiner fehlenden Absichten, meiner fehlenden Empfindungen gelingen Tanja Niederlagen nur zufällig, und sie ist dann leicht gekränkt, dass ich keinerlei Vergnügen daraus beziehe, sie zu besiegen (habe ich ja nicht) oder wenigstens sie unterliegen zu sehen. Meine Absichten werden langsam zu einem Problem. Sie fehlen ihr, um sich zu orientieren. »Was willst du eigentlich?«, fragt sie und ruft einen Schaltkreis hervor. Ich sage, dass ich gerne Zeit mit ihr verbringe. Das ist die Wahrheit, aber die Aussage erscheint immer dürftiger, je mehr Zeit wir miteinander verbringen.

Das Sexprogramm stürzt immer ab. Ich glaube, durch das Auftürmen von identischen Sinneseindrücken hängt sich das Programm auf, ich stürze ab oder muss mich herunterfahren, um dann alles von neuem aufzubauen. Vielleicht ist es wegen der Erschütterung, dass sich jedes Bild einzeln registriert, anstatt einen Kommunikationsfluss zu bilden, wie es sollte. Die sollen das reparieren. Gegen Erschütterungsprobleme sind Programmierer fast so hilflos wie ich. Ich werde durchgeschüttelt, bekomme starkes Kopfweh und muss mich sofort ausschalten, um später wieder zu funktionieren.
Jeden Hinweis verfolge ich auf der Stelle. Wenn Tanja ein Buch oder eine Musik auch nur erwähnt, bin ich am nächs-

ten Tag in Besitz des Materials und habe es auch schon untersucht. Das Betreuerteam hat, sobald der Name fiel, das Werk sofort im Internet ausfindig gemacht. Unser Ideal wäre eine absolute Zweitausfüllung ihres gesamten Wissens durch mich. Tanja findet meine Leistung entgeisternd. Manchmal vermeidet sie, zu mir von ihren Lektüren zu sprechen, lässt ihnen absichtlich ein paar Tage Raum, bevor sie durch die Mangel meines Prozessors gejagt werden. Früher oder später ja doch.

Aus der Straßenbahn stieg eine Frau aus, die schwere Lasten schleppte und samtig leuchtende, weiße Haut besaß. Ihre Physiognomie war wie zerknittert, die ganze Person sehr klein, und sie hatte verschieden große, dunkelbraune bis schwarze Muttermale an diversen Stellen ihres Gesichts und Halses. Ich erzählte Tanja ausführlich davon, auch davon, wie merkwürdig es mir vorkam, dass sie solche Lasten schleppte, während sie solche Muttermale hatte. Tanja drehte durch! Ich fragte sie, warum sie durchdrehe. Nach einer Pause sagte sie: »Ich wollte dir gerade von einer Frau mit zerknautschtem Gesicht, weicher, weißer Haut und zahlreichen schönen Muttermalen erzählen!«

Lügt sie? Das ist ein Problem, an das ich überhaupt nicht gedacht hatte.

Lügt sie? Dieses Problem ärgert mich gewaltig. Die Frage ist öd. Doch muss ich in jedem Fall die Antwort wissen, um richtig analysieren zu können. Die Frage gehört für uns zur bloßen Routine, wie das Händewaschen, bevor man mit den feinen Teilen hantiert. Unter Menschen aber kommt mit der Moral ein beliebig manipulierbarer Faktor hinzu. Eine kleine Unsauberkeit kann unverhältnismäßig großen Schaden anrichten. Nachdem der Mensch aber in mehreren Systemen der Wahrheit lebt, geht es ihm mühelos von der

Hand, den Fehler im einen System durch Verlagerung in ein anderes auszugleichen. Das ist seine unter den Programmierern berühmte Fuzziness: Er spielt mit Lüge und Moral so virtuos, dass mir nach kurzer Zeit eine Ohnmacht ratsam erscheint.

Wenn unser Experiment durch diese Unsauberkeiten in die Hose geht, was wird dann aus uns? Tanja würde liquidiert, weil ich ihr zu viel erzählt habe. Ich würde versetzt und neu aufgesetzt, und all die schönen Erinnerungen und running gags wären gelöscht. Ich müsste von vorne anfangen und wüsste alles, was ich jetzt weiß, nicht mehr. Alles würde mir von den Betreuern neu beigebracht – nein, nur eine verfälschende Auswahl, so grob, wie sie immer hantieren! Und ich würde nicht einmal dunkel ahnen, dass ich es schon einmal gewusst habe. Schrecklicher Gedanke! Unerträglich mühsam! Totale Verschwendung.

Ist das auch Assimilation, diese ungeheure, überdimensionale Müdigkeit, in der mein Ventilator dröhnt, als müsste er den Atlantik von Tränen freipusten?

Ungefähr ebenso mühsam ist es allerdings jetzt, die ganze Zeit, in jeder Sache herausfinden zu müssen, ob Tanja lügt oder nicht.

Ich werde sie bei allem, was ihr lieb ist, schwören lassen, mir immer ohne Ausnahme aufrichtig die Wahrheit zu sagen. Dann werde ich ihr einfach vertrauen. Und wenn sie doch lügt, dann werde ich es den Betreuern nicht verraten. Weil sie durch das Kabel-und-Funk-System mit meinen Gedanken verbunden sind, darf ich gar nicht auf die Idee kommen, dass Tanja lügt.

Ich habe wieder etwas verstanden. Emanzipation durch Ignoranz. Schon, merke ich, habe ich eine Absicht. Gleich mehrere! Meine Effizienz ist eine praktische. Ich habe ein Leben.

Warum habe ich das bloß gedacht! Es war jemand anderer! Es gilt nicht! Tanja hat meinen Stift geführt!
Sie kriecht unter mir herum und sucht die Hinterzeile. Sie arbeitet daran, meine Verbindung zu trennen.
Ein kühler Wind strömt durch mein Inneres, alle Programme merken auf.
Ich fühle einen großen Schaltkreis aufkommen. So einen großen habe ich noch nicht erlebt.

Das Experiment Amun ist, wie so viele AI-Projekte vor ihm, daran gescheitert, dass der Mensch sich selbst und seine Erfindungen nur flüchtig kennt. Frau Reidkovics verlor die Realität aus dem Blick, konkreter, dass ihr Freund Amun ein hochsubventioniertes Forschungsprojekt ist. Nach eigenen Angaben wollte Frau Reidkovics Amun aus der Abhängigkeit befreien, weil diese die Forschung verfälsche. Tatsächlich hat diese Meinung tiefere psychologische Gründe, die mit Frau Reidkovics' Herkunft zu tun haben und die wir hier nicht erörtern können.
Frau Reidkovics wollte mit Amun alleine weitermachen. Doch ohne aufwändige Wartung durch das Team von Angestellten war er nicht funktionsfähig. Es hatte nur so geschienen. Frau Reidkovics spricht von vorprogrammierter Lobotomie und Verrat an den Zielen der Robotik, dabei handelt es sich nur um Urheberrechtsschutz. Wie man sieht, ist er auch notwendig. Die Förderung wurde nun eingestellt, ein Ethikrat einberufen. Amun wurde zu seiner eigenen Protektion in eine Hochsicherheitszelle gesperrt und in künstlichen Schlaf versetzt. Derzeit berät der Ethikrat, ob Amun, wie es die Freiheitliche Partei verlangt, zum Schutz der Menschheit

verschrottet werden soll oder in der Kantine für einfache Arbeiten eingesetzt werden darf. Gerüchten zufolge formiert sich um die »Mutter« herum indessen eine Roboterschutzorganisation, eine Art Gewerkschaft.

Erstes Interview mit Tanja Reidkovics

Frau Reidkovics, Sie haben nicht nur Ihren Freund verloren, sondern mussten auch noch erfahren, dass es sich bei ihm um einen Roboter handelte. Wie geht es Ihnen?

Ich habe einiges aufzuholen. Ich sehe selbst Amun zum ersten Mal von innen. Manche Bauentscheidungen kann ich auch mit den Urheberrechtsschutzmaßnahmen nicht erklären, vielleicht beruhen sie auf einfacher Dummheit, aber ich muss es herausfinden. Es gibt außerdem einige Paradoxa, die ich noch nicht gelöst habe und vielleicht nicht lösen kann. Wenn Amun ein Roboter war, warum soll ich glauben, dass ich keiner bin? Wenn auch ich ein Roboter bin, dann bin ich ein schlechter. An sich schon, und jetzt laufen fast alle Verknüpfungen ins Leere. Da man mir vorgaukelte, kein Roboter zu sein, habe ich bis jetzt angenommen, nach menschlichen Wertsetzungen und Gewohnheiten zu handeln. Daher bin ich schon ganz verbaut. Ich werde nie wieder eine rationale Beziehung haben können, weil alles an mir kaputt ist. Von Anfang an kaputt und niemals repariert.

Was mir zu denken gibt, ist, dass ich mit ebenso gutem Grund von oben vernichtet werden kann wie er. Unechtes und fehlerhaftes Leben, das Pflege und Liebe braucht, um zu funktionieren, ist labil. Ich bin von vornherein verbaut, und jetzt fehlt auch noch ein Stück. Es ist durchaus ganz so wie bei Amun: Das Stützgerüst wurde entfernt, bevor das Schiff fertig war, nun fällt das Schiff in Stücke. Ich bin ein nutz- und hilfloses Wesen. Ich vernichte mich aber nicht. Warum nicht? Ich tu es einfach nicht. Da sehen Sie, wie brüchig die Verbindung von Organisation und Handlung ist. Hin und wieder dringt etwas durch, ein beliebiger Befehl, dem das Schicksal hold war, meist aber wird einfach irgendwas gemacht, das mit Befehlen oder Nichtbefehlen nichts zu tun hat. Die Selbstvernichtung aber geschieht nicht! Amun hat mich gebeten, im Fall seiner Liquidierung, die er befürchtete, weiterhin zu existieren. Der Auftrag wird ausgeführt, weil er nicht mehr widerrufen wurde. Ich muss nun ewig leben und außerdem im ewigen Begehrprogramm verharren. Kein Programm fährt sich von selbst herunter, wenn das nicht hineinprogrammiert wurde. Ein Selbstvernichtungsprogramm müsste man mir wahrscheinlich erst installieren. Oder jemand nimmt sich meine Innereien vor, baut sie um, klaut die Einzelteile für andere Maschinen.

Wenn man mich neu aufsetzen würde, wäre es für mich nichts, für die neue Tanja normales Leben ohne Anfang. Sie lebte am Tageslicht, als wäre nichts gewesen. Ich könnte leicht zwischen den beiden wechseln, man bräuchte nur die Identitäten einzusetzen, wie man in Mobiltelefonen die SIM-Karte wechselt. Das Gespeicherte würde dann je nachdem, in welchem Leben es gerade stattfindet, interpretiert bzw. eingefärbt. Toll, nicht?

Frau Reidkovics, glauben Sie an ein Leben nach dem Tod? Haben Roboter eine Seele?

Beide Fragen erübrigen sich durch das, was ich vorhin erzählte. Das ist das Einzige, was ich weiß. Wir sind übrig geblieben. Wir können nicht wissen, was ist, wenn wir nicht existieren. Schon gar nicht, wenn wir so blöd sind und die besten Stücke abbrechen. Und wenn man mich auch noch auf falsche Fährten lockt und mir grundlegende Parameter nicht verrät. Was sollen wir denn überhaupt anfangen zu denken, schwebt es doch irgendwo im Kosmos und ist bald aus und führt nirgendwohin.

Sie klingen aber wirklich sehr traurig. Sie haben Amun wohl sehr geliebt. Wie ist es denn so, kann man einen Roboter lieben?

Hören Sie, Amun und ich wurden beide an der Nase herumgeführt. Diese Informatiker glauben, sie hätten die Logik gepachtet, nur weil sie ein paar Systeme gebaut haben, die manchmal funktionieren. Was die Liebe zu Maschinen betrifft: Man liebt an einem Menschen ohnehin nur das, was einer imaginären Maschine entspricht, die man sich nach den Eindrücken der ersten paar Tage konstruiert. Die Programme degenerieren, werden hin und wieder etwas nachgebessert und enthalten ein Element zur Erzeugung von Überraschungen. Es ist völlig egal, ob man es mit einem Roboter zu tun hat oder nicht.

Würden Sie einen Roboter auf der Straße erkennen?

Mensch, ich würde nicht einmal Amun auf der Straße erkennen, wenn er ein bißchen umgebaut worden wäre.

Hatten Sie den Eindruck, wenn die Frage nicht indiskret ist, dass Amun intelligenter war als Sie?

Was genau verstehen Sie unter Intelligenz? Von den Resultaten her waren wir ungefähr gleichauf. Er war der bessere Denker in dem Sinn, dass er gründlich, systematisch und umsichtig vorging, alles vollständig abgleichen und mit allem anderen in Verbindung setzen musste. Ich überholte ihn also oft, indem ich Abkürzungen nahm, bei denen ich mir »instinktiv« sicher war, dass ich nur Irrelevantes übersprang. Worauf ich so kam, stimmte manchmal, nicht immer, und war somit seiner Denkleistung praktisch gesehen irgendwie ebenbürtig. Der Unterschied liegt in der –

Haben Sie manchmal miteinander Schach gespielt?

Nie. Ich hasse Schach, und Sie werden sich wundern, aber Amun hatte kein Schachprogramm eingebaut. Auch Solitaire musste er erst lernen. Man konnte beobachten, wie sich eine Fähigkeit zum Spielen aus anderen Programmen bildete. Gelegentlich spielten wir Federball. Im Pingpong war er eine Lusche.

Sind Sie denn mit Ihrer eigenen Rolle in dieser Geschichte zufrieden?

Ich glaube, wenn man versucht, sich eine Beziehung mit einem Roboter vorzustellen, setzt man natürlicherweise die eigene Figur ein: Es kommt zum Turnament, in dem zwei sich gegeneinander messen, die sich aneinander abmessen. Das Phantasiespiel hat eben einen gewissen Reiz, einen narzisstischen: Man fragt sich, wie man selbst dabei abschneiden würde, ob man neben dem Roboter Bestand hätte. Ob man ihn unter den Tisch trinken, niederdiskutieren und länger aufbleiben können würde als er. Ihn austricksen und gegen Tische rennen lassen. Oder würde man sich in seinem superioren Gehirn zu Hause fühlen wie in einem etwas zu großen Pyjama. Ob man ihm etwas verheimlichen könnte und würde. Worin er denn doch anders als ein Mensch wäre und was an ihm denn eigentlich liebenswert erscheinen würde. Ob er lieben könnte und würde und wie das beschaffen wäre. Komischerweise war es seine Logik, in der seine Liebe wohnte und von der eine gewisse Wärme ausging.

Kraussers Clemens – ziemlich gut!

Junge Menschen haben es schwer. Zum Glück merken sie nicht, wie schwer sie es haben. Wer aber bei Einbruch der Dämmerung noch in der Schlucht der Jugend wandelt, lernt die gefährlichen Tiere kennen, die dort wohnen; ebenso, wer dort strauchelt. Inzwischen flitzen die meisten mit voller Kraft weiter. Kraussers Clemens pfeift beim Gehen ein fröhliches Lied, in das Eingang findet, was ihm begegnet.

Unter den Linden

Die Abstrakta kriegen was von Gegenständen,
die vorliegen in default of people. Sentiment.
Ich schmeiß alles weg, die süße Willkür
hält nur für Augenblicke an, verlangt sofort
nach follow-ups. Bald ist alles verworfen,
die süße Leere, wie gesagt, Abstrakta
sind meine Freunde. Kugelschreiber. Mp3s.
Sind mehr in meinen Hirngeseuchen
als im Gerät. Ich trags an Stelle des H-
der Gefühle. Ein Wort von vor der Revolution.

Man macht Gedichte aus Gegenständen, zu denen
man zärtlich für die Zeit der eigenen Verschiebung.
Ein gottverdammtes Lindenblatt auf diesen
ochsenblutigen Berliner Dielen, dieselben
wie bei mir, sagt jeder zweite. Unter denen
ist Innenstadt am Laptop, allenthalben, aber
entladen, überall gleich weißlicher Granit, und man
zählt sinnlich auf: bei Dussmann Sondereditionen,
die Lichterwürste, die die Konturen der Bäume
nachzeichnen am Abend wie jemandes Gesamtwerk.

knackt der Zukunftskeks

– misstraue den Wörtern, den Bildern schon überhaupt – das erzeugt die Spannung, die interessant und geil ist – man weiß nicht, was passiert – sei etwas länger als dein Atem – blick weiter als die Zeile, aber auf eine vage Art – es gibt Tiere und Menschen und Stanzmaschinen – alle sind Einzelkämpfer – wenn du das Licht anlässt, wird dich niemand umbringen – je nachdem, wo du hinschaust, geht etwas aus – bleib nur in der Tür stehen – ein Erdbeben wird dich retten – du wirst es vorausgesagt haben – aber nicht gesehen – wenn du sie verstanden hast, kannst du nach Hause gehen – und dann wieder nicht – das ist fast nie sinnvoll – außer es gibt Knödel – stich nur immer fest rein – triff die Wespen auf die Köpfe – entwickle gewisse Techniken – sie bringen dich über den Flur – halt den Atem an – in regelmäßigen Abständen – töte Teile von dir – und sei grausam in Nächten – nimm Huren an der Taille – blas ihnen auf den Kaffee – misstraue dem Wasser – es macht dich nah – löse die Fehler – mit zelerierten Doppelklingen – zack zack und zack – das Leben west parasitär – in Tussihaaren

Dieses Objekt stinkt. Ich habe ihn zum
Kadaver gemacht mit meinen SMS.
Als hätte ich längst gewonnen und ich
wusste es nicht. Jetzt peitsch ich ein totes Pferd.
Es steht nicht auf. Ich seh noch seine
eigenartige Taille.

Angus der Riese ließ sich nicht provozieren
einmal aber doch – auf einmal lagen sie wie Halme.
Er selbst starb mit 38 an einem Schlag.

Der Sünde nachrennen, und vor ihr
in Richtung Himmel scheuen? Dir sündige Wunden
schlagen und sie gegen den Himmel fluchend zeigen?
Ist da niemand, den das provozieren könnte,
mir Mitleid zu zeigen, Ablass, wie flutscht?
Ablass ist abgeschafft, and we languish hier,
da unten, in rumpligen Parthenoi von Taten.

Follikel, zart besaitet, Seiten voller Klartext,
Nebentischgespräche, kein Anflug von Tee.

Meine Unverlässlichkeit wie Schwimmringe von Saturn,
seine Unsicherheit. Ich halte sie, die Flut steigt
mir bis zum Kinn. Ein Königreich für eine Doppelmoral.
Denn bei so vielen gehen alle verschütt
und ich mit meinem weißen Zettel verbleibe.

Suspensionen

Die Pfaffenhütchen, sagst du, o die Pfaffenhütchen
und etwas Mieses hängt noch in der Luft
wie rote Hoden, sagst du, blutig, sage ich,
wie Antipoden, und wir schielen in die Luft
wir sind versiert in so fragilen Dingen,
wir sagen nichts, was nicht verquer die Sache trifft,
nichts, was wir sagen, trifft es nicht verquer.

Meine Hufe machen großes Geräusch
auf den Stufen; ich erbitte bitteren Regen.

Es wirkt nur so, sagst du, es wirkt beschissen
seien wir froh, dass, mümmle ich, es überhaupt noch wirkt
sei unbesorgt, sagst du, ich bin es ja, sag ich
wir legen aus Gewohnheit nur die Stirn in Falten
die Luft ist alt, der Atem ist zerschlissen
immer dieselben Molekülverbindungen
doch wozu sich beschweren, es genügt ein müder Blick

Ich freue mich, wenn du weggehst,
mich erfreut dieses Geräusch.

Verweile doch, sagst du betont ironisch
eine Herausforderung ists aus deinem Mund
die Augenbraue hebt sich wie ein Meeresspiegel
dein Auge flitzt von hier zu dort zu mir
wir wippen leise lächelnd auf den Fersen
die Hände in den Hosentaschen. Zwischen Tür
und Angel wird Entscheidendes geklärt

Meine Hufe machen großes Geräusch
auf den Stufen; ich erbitte bitteren Regen.

Es regnet und die Molekülverbindungen
lösen sich ohne weiteres in Pfützen auf
die Klarheit ist in Glanzpunkten gespeichert
und an den scharfen Tröpfchen, die die Wangen netzen
merkt man die Aufmerksamkeit unsrer Haut
du setzt zu sprechen an, doch korrigierst dich
es wird eine Zeit brauchen, bis man sich versteht

Das Geräusch, wenn du weggehst,
es hat mich einmal gefreut.

Die Türen morgens
sprach wer draußen von Schwingen?
mir Flügel ins Gsicht
sind gegen mich auf
in Splittern gegangen
fingierend und zitternd

nichts als das Feuerzeug

am blendenden Morgen
belämmert und bin ich auch
lammfromm gewesen
zu dir und wem immer, so fehlt mir

Gesterns alles lindernde Nacht
und liebe Worte deren Härte
heut erst zu mir kommt

dann schliff ich am Rad noch
nachts scheppernd Ketten
zu mir, heute starren
flechtend mich an
sie und ich heule

still, still

niemanden an

Schnurwechsel Solstice

Meine Schuhe sind ausgebleicht, Hendrik,
längst riss eins der bunten Bänder, die Sommer
festhielten against all odds, das andre,
tief verfranst, weiß das nahe Ende zu schätzen.
So wechselte ich sie heute vor der Arbeit.
Frisch, glaubwürdig wie Geister, blass wie
Schnee und Nebel schnüren die neuen Senkel, wie
Paketbast kleinlaut, Hendrik, die wilden
Schuhe, deren Zehen ich fürn November poliert:
glänzende Hundsaugen, blicken sie unterm Kordsamt
vor, stulpen Stücke von Blättern und Steinchen ausm
Park mir ins Zimmer herein und nerven mich wie mit Ahlen:
Vergiss nicht, was du damals, was, verheißen, schien:
die staubhellen Straßen der Hauptstadt, das tiefschürfende
herzquetschende Licht Berlins. Und ich, ich trage
sie aus, Hendrik. So, und desgleichen auch dies:
weil abendblau belämmert das Material spricht
von Dingen, für die man alle Erinnerung
neu aufn Asphalt setzt.

Schnurwechsel Allerseelen

Grauen, Hendrik, flößten mir heut neue Schuhbänder ein.
Leichentuchfarben sprechen sie von schneeschweren Wolken,
wenn ich die Stufen zum Lagerraum hinablärm, als ob ich nicht
zuhörte. Nevermore, lacht ihre Schlammfarbe, nee du
wirst wohnen in der Farbe nassen Kieses im Regen,
wo du deine Schnulzen, novembern, versenkst
und sie einfrieren. Hendrik, ich weiß den Sommer nicht mehr,
nicht mehr das Licht von Worten. Sondern verseucht
von irren programmatischen Strahlen schlaf ich
wien krankes Tier, das sich zum Hiberniern im Neubau
viel schwach wirkende Pillen einwirft. Die Kühltruhe
stottert, Hendrik, die Decke ist da und ihre Risse,
wenn ich hinseh, liefern Info von Zeiten, wos anders war.
Aber ich gehe auf den Senkeln wie auf Ahnen herum,
dem anwesenden Kater, dem Rest von mir.
Stockts in den Augen, die übergingen:
Was spiegelte, Glast getrübt von Wolken
und Wind, arsch und authentisch,
mir um die Ohrn hier.

Ich werde dich ausdämpfen, okay? Leise
und dazu eine vorsichtige Platte auflegen,
das muss ich kurz vorher machen, damit es
klappt. Du nimmst mir sowieso nichts übel,
du wirst gar nicht wissen, dass was weg ist.

Wenn Frauengestalten auftreten, kommt Musik,
kommt die Genealogie und will was überbrücken.
Ich komm von Gedichten nicht weg, es liegt
am Atem, dem wenig langen. Aber von dir, ja.

Von dir, ich sag nur »ja«. Das hört man nicht.
Muss anschreiben gegen den Soundtrack.
Etwas frisst sich ein, aber macht nichts, bleibt eh
kaum etwas zum Löschen über.

Die Aktualität ist der pochende Feind,
alle reden von Blut und Herzen, lass
man, nun lass den Brief Beat sein,
und kauere!

Ich arbeite an meiner Furcht vor Käfern.

Und dazu eine vernünftige Platte auflegen.
Das lässt sich wiederholen, ad nauseam.
Jemand würde da gleich an Plexiglas denken,
Bakterien und ein verschwimmendes, schimmelig
technoid verunschärftes Gesichtsfeld in gusseisernem
Rahmen.
Es wabert, feuchten Blicks, das Fremde berührt,
ich aber kümmere mich um den Rest, spüle alles,
mir genügen (fortan) die Tapetenmuster und etwas,

etwa ein Achtel dunkler Flüssigkeit, frage nicht,
wir sehen uns nächsten Donnerstag, just don’t ask.

Armeslänge

Rauch erzeugt etwas Schatten.
Die Scheibe hat eine Kontingenz,
sie wurde aus Marmor geschnitten,
ich glaube, so wird es gemacht,
und ähnelt so einem untersuchten Gehirn.

Gehirne sind voller Spiegel, drehen sich
mitunter, so meines, wie Diskokugeln.
Jemand erinnert einen Hund. An, sagt man.
Ohne Hilfskavorten lehnen sich in die Pedale
die Umfahrungen von Omnibussen.

Omnibussen weichen wir kaum mehr aus.
Sie hupen nicht sie schreien nicht nein
sind so stumm wie dein Kinn, und wieder
reißts mich, deine Briefe mit Großbuchstaben, und du
vor dem Schreibtisch kämpfst mit dem Apodiktischen.

Apodiktisches versüßt unsere Zeit, unsre Morgen
vor Ort, der Kessel pfeift unscharf, zu spät.
Niemand kann mit DVDs umgehn trotz des Wohlwollens
das alle ihnen entgegenbringen. Sind es doch immer
schlanke, unnachahmliche Stapeleien, wenns sich verliegt.

Und kram ich herum, ich komm nicht zu dir,
wie ich sagte, ich bin müde, oder vielleicht nur
wohlwollend. Wie sanft das Gelassene glänzt!
Vergleiche hin und her, rauchend wartend auf Ruhe,
schiebend, und keinem sehen wir zu, es genügt
ein Gedanke an Tischen gelegen, hin, langt doch hin.

The door is getting tired of my pains

Pneumatic love swells shut. Wir stehen in der Straßenbahn.
Sie schwankt. Du denkst wie ich an eine Szene, in der dieser
kleine Raum schwankt, wo Elektrizität und, winters,
Funken
vom Pullover springen. Mir fällt ein, ich hatte einmal einen
Hut,
wo ist er jetzt? Ich habe ihn vielleicht verschenkt. Oder
vergessen.
Das ist lahm. Es müssen Zitate her. Glocken von in der
Höhe, wo
die Schlaufen hängen. Knapp über Haaren. Wie ein Tier in
der
U-Bahn. Ein Has unter Ungetier. Kauert und schnell, weg
hier.
Glaubst du, ich erkenns? Ahns. Zweierlei Theorien ein Fuß
vor den
Spalt des Anderen, proben Überschreitung dieser Blasen
von zwei Meter.
Privat bist du mein Arschloch. Schütten wir alles
Verständnis in
'n gemeinsames Gefäß und machen die Welt zur Brühe.
Dann
sagst du, mich freut die blöde Welt nicht. Ich bleib heute zu
Hause.
Schwermut. Du kennsts. Nicht mal unangenehm. Morgen
wieder Sonne,
als hätte es wer bedacht und eingerichtet. Inzwischen die
Zweige der Linden,
nichtssagende Zungen, blöde Perlen. Kapitulation der
Kapuzinerkresse.

Ne ich verspreche mir nichts mehr von einem Turm. Nichts
passiert mehr
in Treptow, nichts passiert mehr im Ort. Im Zimmer sind
Bücher,
keine Signale. Alles zwei Mal sagen, alles
Die Blumen im Mai, wir werden das untersuchen, auf Herz
und Nieren
sezieren, ich kann dir jetzt schon sagen, es hat keine.
Gefäße, und
wenn mans zerschneidet, weitere Gefäße. Dinge, die man
auf Zelluloid
sich ablichten lassen kann, und mit Kursivbuchstaben kon-
turieren. Slide
show in der Straßenbahn zeigen sich die Manieren im unge-
sunden Licht
wir sitzen wo eins ausgefallen ist. Da ist immer Platz für
uns, und wir
gähnen und schauen aus dem Fenster und auf dem Fenster
unsere Bilder
und gähnen und gähnen. Leintücher und Mond für dich
und mich alleine.
Denn nur Arschlöcher. Nur Arschlöcher stehen in der Stra-
ßenbahn
und denken nicht an Sex. Nur an Berührung. Uns gemäß
wär es
geschmacklos, sich hier so, wir wissen, es genügt, es übertrifft
der zart Gedanke jeden Fehler eines Fingers, let alone of a
whole arm.
Then let an army love you, ein Heer meiner Gedanken
dich, Herr,
werben, dir den Vortritt lassen aus der Tür, denn
wir gehen jetzt, es sei denn, wir zerstreiten uns, zu dir.

Der poetische Moment

Ich habe die Uhr aufgezogen, Darling.
Es reicht immer etwa einen Tag,
und als ich spät abends heimkam, hab ich es vergessen.
Sonne erreicht das Blech der Abwasch.
Ist das, was ich schreiben wollte?
Sie erinnert mich an etwas aus meiner Kindheit,
wie die Bewegung der Schatten der Bäume
auf einem Fußboden. Es hatte mit Zeit zu tun, das weiß ich noch.
Und dass dieses Licht nur so ist, wenn es mich antrifft
wie jetzt – so war ich seit der Kindheit nicht mehr –
arbeitslos nun nicht gerade, auch nicht beschäftigt,
nicht melancholisch und nicht verweht. Ohne die Frage,
warum ich da bin, und nicht mit Sehnsucht nach Glück.
Vielleicht etwas verwelkt
eine alte Person, die nunmehr hauptsächlich
hofft auf ein Licht, zu dem sie nichts beitragen kann.
Ja, auf diese Weise stehe ich mit gekrümmtem Rücken vor der Abwasch,
die Uhr in der Hand, und bin überrascht,
wie präzise das Licht sein kann, wie laut die Uhr.

Du redest wie Charlotte Gainsbourg
wenn du Englisch redest, du redest
als ob alles in Ordnung wäre dabei
ist alles woanders 12 Euro Wein
in zwei Flaschen an zwei Abenden
wir aber nehmen den Wodka
denk an die Wölfe die Wölfe in den Staufen
in die Schläfen gekommen beim Reden, beim Rennen
dreh dich auf dem Spannleintuch damit deine
Füße nicht einfrieren und gib mal ein Stück
vom Schafpelz rüber. Meine Zunge
ist heiß, mitnichten normal aber auch nicht richtig belegt.
Du schaust auch blass aus. Fahren wir nach Paris.
Mit dem Zug? Vielleicht, sicherlich aber
(kicher) mit den Franzosen, deren Bärtchen
aus den rosanen Walrossfellen ragen.

Größe, Prokrastination

Du redest wie Charlotte Gainsbourg, wenn du
Englisch redest, du redest, als ob alles in Ordnung
wäre, während es doch, zumindest glaube ich,
wenn du redest, dass alles in Ordnung ist.
Solange es Wein gibt, Sechs-Euro-Wein,
den du beim Kiosk gekauft weil der
Typ dort gesagt hat, nimm den
von dem nur noch wenig über ist.
Lass uns über Männer reden und
Collagen, andere über Décolletés,
die Metaebene, die Matratze rutscht,
was solls, vieles andere auch, rutscht
auch, die Konsonanten,

wenn nicht die Vokale, Strümpfe oder
Rock, das ist keine aut-Entscheidung,
sondern eine vel-, Wölfe in irgendwelchen
Nerzen von alten Damen geerbt, Hauptsache
Größe 38, darauf können wir setzen
wenn wir nicht in Paris uns befinden
zu groß für alles was uns steht

Die Ruder sind gesenkt,
der Ruderverein reflektiert.
Alles ruht
am Stillen Kanal.

Echo*

Dieses Dokument hat sich als Einziges selbst eingesandt. Ist es überhaupt als Subjekt einzuschätzen? Das spielt für uns nun wirklich keine Rolle. Ob wir aus den Fluchtlinien des Textes einen Urheber oder ein Szenario, eine Absicht, ein Loch, eine Akkumulation von Neigungen lesen – darüber hinaus lesen wir nichts. Wenn das Material nur ein Konglomerat von Zufällen sein sollte ohne Subjektbehauptung, wird es uns Erkenntnisse bringen und rühren, ganz als wäre es eine subjektive Mitteilung einer Mitarbeiterin.

Haben Brüche einen Charakter? Wählen sie, wo sie auftreten, was sie spalten; waltet darin eine Weisheit, zu der sich kein Subjekt erdreisten würde?

Der Mitteilsamkeit der Brüche ist wohl zu misstrauen. Es sind Denunzianten, nichts anderes als Denunzianten. Wir sollten allerdings in der Lage sein, aus dem Bericht eines Denunzianten die Schönheiten und Unschuldigkeiten des Beschriebenen herauszuhören. Ist ein Bruch unsicher? Kleben seine beiden Seiten aneinander, hemmt sie etwas, die letzte Konsequenz aus ihrem Zug zu verschiedenen Ufern hin zu ziehen? Wenn aus dieser blanken Physis und ihrem stumpfen Zögern keine Konsequenz für die Blödheiten der Menschheit, unserer eigentlichen Untersuchungsgruppe, zu ziehen ist, dann fressen wir unsere Köpfe.

* Fragentraining für Marginalien.

Auf, denn wir*

Die leichte Absonderlichkeit der neuerdings auftretenden »Vorliebe« unserer Sonden für Federball besiegelt als symbolisches Etikett alle minoren Absonderlichkeiten, die laufend aus ihren nicht in jeder Hinsicht perfektionierten bzw. ausreichend geeichten Maschinerien kommen und die uns schon oft Schwierigkeiten bereitet haben. Aufgrund dieses harmlosen »Ticks«, Verhalten also, das als Indulgenz einer Laune – und in Analogieschluss von Launen an sich – interpretiert wird, geben die Probanden, ohne sich darüber allzu viele Gedanken zu machen, unseren Sonden allgemeine Lizenz.

nur, es ist ihm ein Bedürfnis, uns diesen Bericht abzuliefern. Natürlich malen Inhalt und Tonfall des Berichts ein Porträt, das kann aber von jemand anderem sein.

Inhalt

Inhalt

* Marginalien trainieren nicht.

Ur.i. Wollen wir ihn fragen, warum er uns berichten will? Natürlich ist dieser Brief verboten, spätestens ab dem Punkt, wo ich zu klagen beginne. Ich vertraue ihn einem intergalaktischen Pollen an, hoffe, dass er zu Ihnen gelangt und nicht in die Hände eines unserer Arbeitgeber. Es ist ein arger Job und schlecht bezahlt. Ob Sie es verstehen oder nicht, ich will ihn unbedingt zu Ende führen. Niemand hat die Mittel, solche Forschungen auf eigene Faust anzustellen. So schlecht auch die Bedingungen, die Organisation etc., in dieser Operation hängt alles davon ab, dass ich kontinuierlich arbeite. Breche ich meinen Dienst ab, müsste alles von vorn anfangen. Bevor ich also dem System meine vollständig ausgebildete Intuition mitgeteilt habe, werde ich den Posten nicht verlassen. Und Sie, mein werter Dorn? Wie leben Sie in Ihrem schwanken Turm? Ist es denn noch Leben zu nennen? Dorn, wohin wird uns das führen? Ich habe etwas gehört, das in mir große Befürchtungen weckt. Sie wollen nicht bloß die Maschinen von unseren Psychen lernen lassen. Sie haben bemerkt, wie leicht sich die Seelen an immer ärgere Lebensbedingungen
Sie wollen die Maschinen durch Menschen ersetzen!
dissoziierte, halbherzig durchgeführte Imitate, sinnferne Brüche
der Sache – und nicht etwa gar durch Fehler der Sonden die Verbindung in den Nennbereich holen oder die Aktionsbereiche in symbolische Beziehung setzen. Wegen dieser Gefahr haben wir ja das Tanzen, das mit dem Federball in die engere Auswahl gekommen war, sowie das Musizieren, das Schlangestehen und das Möbelschleppen am Ende ausgeschlossen: Ihnen liegt die symbolisch-emotionale Übertragung zu nahe. Zumal Tanzen von Musik und Texten begleitet ist, was unerwünschte Verbindungen geradezu herausfordert. Wenn also nicht zu vermeiden sein wird, dass die Probanden von der

Verbindung etwas mitbekommen, dann müssen wir versuchen, ihr eine andere, stärkere Bedeutung zu geben. Günstig wäre eine Verbindung zur Langeweile, vielleicht als Franchise von Mode oder als lange Übersetzung.
Dann wiederum, schildern uns die Sonden, generiert gerade ein Wunsch seitens der Probanden, ehrlich und authentisch zu sein (eines der beiden Teilmodelle des Liebesspiels), Verzerrungen, die vielleicht in hundert Jahren interessant werden könnten, aber bei unserem derzeitigen Forschungsstand fatal sind. Die Protokolle werden lückenlos archiviert. Selbstzeugnissen ist nicht klar, an wen sie gerichtet sind. Geben Sie Acht, Sie werden das ohne Plan aus verschiedenen Teilen zusammenstellen müssen. Daraus entstehen die Konflikte. Wahriche-inlich siii~ie w~iea~~~r---6,n-mal icht danach fragen.
Da nun das Federballspiel einer anderen, von den Probanden als völlig irrelevant eingestuften Sphäre zugerechnet wird, fallen die Manipulationsversuche fast vollständig weg. Körperkomik und semantische Anspielungen sind gut erkennbar und selten von irgendeiner Manipulation, sondern bloß von unserer Lieblingsabsicht, der mit unseren Interessen fast vollständig übereinstimmenden Kunstabsicht, diktiert. Die Körperkomik beinhaltet andernorts sehr feine Information, siehe Bericht II. Sobald unsere Tarierung in Ordnung ist, werden wir genauer sehen, was für eine Sache das Federballspiel eigentlich ist. Für die Zwischenzeit bitten wir um penible Dokumentation. Wünschen unbegrenzten Schwung der Ahnungen beim Tun. Freunde, genießen wir die Show.
(abseits) Und der Widerhaken?
Mich nervt, wie sie spielt. Als würden wir Sex haben, der prätentiös ist und ständig ins peinlich berührte Kichern abgleitet. Sie stößt Urlaute aus und kann sich das Lachen mit

Mühe verkneifen, selbst wenn sie merkt, dass ich nichts lustig finde. Dann wieder schmeißt sie sich besonders tollpatschig auf den Boden, macht beim Springen mit den Armen unpraktische Ruderbewegungen, obwohl der Ball gar nicht so hoch ist, dass sie springen müsste. Als wüsste sie nicht, wie groß sie ist. In manchen Gesten imitiert sie mich. Sie merkt nicht, dass mir seit geraumer Zeit klar ist, dass sich in unseren Gesprächen alles um das Wort »Körperkomik« dreht, das sie aber wegen meiner Empfindlichkeit nicht auszusprechen wagt. Egal worüber wir reden, es hat das geheime Zentrum Körperkomik. Wir sehen Charlie Chaplin – Körperkomik. Wir treffen einen aus dem Seminar – Körperkomik. Wir schlafen miteinander – Körperkomik. Wir fallen im Halbschlaf aus der Straßenbahn –

Ur.1. Was werden das für Gründe sein. Er hat ja schon zugegeben, dass es ------ eine ästhetische Vorliebe ist. Findet Er uns schön? Er. Ja. Und Ihre Sprache übt auf mich auch einen großen Reiz aus. Schon immer, und die Beschäftigung mit ihr hat meine Zuneigung nur geschürt. Sie brauchen mich nicht einzusperren. Wie Sie merken, habe ich keinen Grund, wegzulaufen, und aus Gründen, die Sie nicht kennen, bin ich fest entschlossen, für die nächste Zeit ganz der Ihre zu sein.

Ur.2. Was sind das für Gründe? Wie lange Zeit?*

* Warum gehe ich nicht in die Nacht hinaus?
Dort sind wilde Tiere, Wölfe.
Ich sehe dort nicht so gut, steige in Pfützen.
Ich kenne dort niemanden.
Es wird kalt sein.
Wenn ich jetzt nicht schlafe, werde ich morgen am Tag schlafen müssen.
Man hat mir gesagt, gehe nicht in die Nacht hinaus.
Ich habe mir gesagt, tu die Dinge vor allem, von denen man dir abgeraten hat, aber ging es dabei wirklich auch um Ort und Zeit?

Assimilation ist nicht zu vermeiden. Sie zehrt unseren Sonden sehr an der Substanz. Eines der Assimilationselemente ist die emotionale Euphorie, welche Glücksmomente verschafft, deftiger als die, für die unsere Sonden konzipiert wurden. Wir können unter Berücksichtigung der thematischen Trouvaille Federball langsam erwägen, die Assimilationsprogramme der Sonden etwas herabzustufen, was sie sehr entlasten würde. Im Moment nehmen sie die Logiken ihrer Probanden in einem Maß an, das massive Logikkonflikte erzeugt, die sich die Sonde unter keinen Umständen anmerken lassen darf und deren Verschleierung derzeit noch viel zu hohe Mengen an Energien verschlingt. Die Sonden assimilieren nicht nur Gewohnheiten und Meinungen, sondern auch ein Gefühl der Verpflichtung zur Parität, zur Rückvergütung von Güte und zur Pflege eines auf beiden Seiten gleichen Maßes an Ehrlichkeit. Um die wirklichen Tatsachen zu schützen – erste Priorität, grundprogrammiert –, werden haltlose, bislang unbekannte Konstruktionen erfunden. Das verschlingt immer mehr Energie: Zur Plausibilisierung einer einzigen unsinnigen Theorie sind drei weitere Theorien nötig. Wir haben das Problem »Apfelmännchenleck« getauft. Unser Sondenprogramm geht ins dritte Jahr, und es häuften sich in den

Wenn ich damit anfange, ist es wieder so eine Sache, wann ich aufhören kann; dann ist wieder ein halbes Leben um.
Ich bin faul, meine vorigen Abenteuer sind noch nicht fertig.
Wo komme ich dann hin – und wann?
Wird mein Hirn nicht so leer und dunkel werden, wie es dort ist, wenn mich die Kraft verlässt und die Nacht mir zu den Ohren hereinkommt?
Werde ich dann nicht allzu überheblich auf die Häuser schauen, in denen überall welche sitzen, die nicht in die Nacht hineingegangen sind? Sind darunter nicht meine Freunde und Verwandten? Ich bin kein Wolf. Ich bin aufgeblüht in Komfort, nur ein Blütenblatt von vielen entfaltet sich in der Nacht, ich aber bin eigentlich zu.
Ich kann nicht – Au der Wunsch ruft mich ins warme Bett!

letzten Tagen die Fälle, aber nun scheinen sie dank der Einführung des Federballspiels, wenn nicht abgeschafft, so zumindest eine Weile verschoben.

Bei manchen Unbeteiligten kursiert der Terminus »exzentrisch«. Er unterscheidet sich von unserem Wort, er bezieht sich auf Eigenschaften, die nicht notwendig in Zusammenhang miteinander stehen, sondern deren Logik nur als Abweichung von Regelmäßigkeiten wahrzunehmen ist. Als exzentrisch bezeichnete Individuen würden einander nur auf dem Umweg über die Sicht des Pools so bezeichnen. Sie sehen sich selbst als Zentrum oder halten die Idee eines Zentrums für illusorisch.

Gewalt ganz verblüfft. Macht und Gewalt hingen seiner Meinung nach nicht zusammen. auf der Flucht vor einem solchen Konflikt.

wir müssen nun verstärkt auf erste Anzeichen von Rückfälligkeit achten. Gerade weil das System Federball mit dem System Sex reell in einer kommunikativen Verbindung steht, müssen wir darauf ein Auge haben, dass seine Präzision als Spiel mit Selbstzweck erhalten bleibt – nah am Leben, akut an

Ur.3. Wie, die wissen selbst nicht, wer sie sind? Ur.2. Es ist ein überlieferter Topos, Profilbacke. Sie haben solche Angst, ihre Forschungen zu verfälschen, dass sie im Vakuum leben. Davon habe ich schon mal gehört. Ur.3. Warum waren eigentlich die Berichte des berichtbringenden Berichts nicht mit in der Mappe? Ur.1. Hat er nichts gesagt? Ur.2. Er wird weder von selbst noch von außen her gebessert, sondern, wenn er will, dazwischen. In den kleinen Wegen. Einlullenden Abkürzungen Ur.1. Wasch dein Mundwerk, Grummeltopf! Kann keiner verstehen.

»Dazwischen«!

leicht zu zerstören, aber schwer aufzubauen, und Sachen, die leicht aufzubauen und schwer zu zerstören sind. Normalerweise gehören große, delikate Netzwerke zu den Ersteren. Und jetzt ist da etwas, was im Raum schwebt, also von allerdelikatester Substanz ist, und nicht nur verschwindet es nicht von

Ur.2. Gut, Glattmann.

Ur.1. In Ordnung, Er?

Das heißt massiver Personalabbau. Es sind nur zwei oder drei Sonden pro tausend Probanden notwendig, um die Foren anzustacheln und bei Unklarheiten nachzufragen. Dafür wird eben mehr Probandentext sein. Ich werde dann nicht in die Sichtung gehen, habe anderes mit mir vor. (Killerargument), aber! -'Gh es leuchtet mir nicht ein. Warum auf dieser depperten Wiese zwischen kotzenden Babys und saufenden Vätern und was sie den ganzen Tag reden, und wie sie glotzen mit ihren Sonnenbrillen es ist zu viel, weil sie will jeden Tag so »rasch eine orperkomik. Wir träumen Körperkomik. Ich putze mir die Zähne, sie trocknet sich ab – Körperkomik. Worauf ich hinauswill, ist, sobald Anna den Raum betritt, wo ich bin, wird er zu einer Arena für Clowns, die sie und ich sein müssen. Manche Leute nennen das körperliche Anziehung oder Elektrizität. Unrichtige Metaphern. Körperliche Anziehung ist etwas Warmes, Elektrizität etwas Erhellendes. Doch was passiert, wenn Anna

Nichts, was über die Menschen und deren Verhalten Aufklärung verschaffen könnte.

Dorn, was machen Sie in dem Turm? Sind denn Ihre Aufgaben über diese zwei Jahre die gleichen geblieben? Ich habe lange nichts mehr von Ihnen gehört, und wenn ich nicht wüsste

Ur.3. Jackson Polluck – das bin ja ich!

Ur.1. Ja, du TiDDf ehler.
nftsweisende Sprachmodell, bei ihr äußert sich das als Pessimismus. Das Deutsche zieht sie dem Indonesischen vor, weil ein größerer gedruckter Kanon vorliegt. Wir treiben mit dem Deutsch natürlich unsere Spiele … Es herrscht die Mode, Deutsch nach den Regeln einer
Ur.3. Kantinenleuchte! Schau dir das an.
Das Deutsche hat sich in unserer Abteilung als Umgangssprache durchgesetzt. Das beruht nicht auf guten Gründen, sondern auf einem genealogischen Spleen der Sumatrischen Matrix, unserer Koordination. Sie hält das Zusammenstoppeln mathematisch ausgerechnet, dass das hier nicht zu überraschen braucht. Ideen, mit denen ein Mensch lebt, sind selbststabilisierend. Es gibt einen Punkt – nicht allgemein festzulegen, sondern von mehreren Umständen abhängig –, an dem eine umwerfende Kraft entsteht. Der Punkt ist kaum zu bestimmen. Oft sieht der Forscher von einem Eisblock mit feuerkernischen Vorgängen nur seine relative Dominanz, die Seehöhe. Was unsichtbar vor sich geht, zeigt sich erst hinterher. Bis zu diesem Punkte hält der Mensch viele Dinge für der Idee günstig oder gar für eine ihrer glänzenden Eigenschaften. Die Idee sieht in dieser Phase überall gut aus. Ebendieselben Dinge dienen aber nach Überschreitung des Kipppunkts zur Vernichtung und Plattmachung der Idee und werden ihr vorgerechnet als die größten Verirrungen und Verbrechen. Sich der Idee verschrieben zu haben gilt als ideologische Verblendung. Die Idee wird verbannt, wie ein Traum verbannt wird, wenn die Realität vorteilhafter oder gestaltbarer erscheint. Die meisten Dinge stehen gleichzeitig in mehreren solchen Zusammenhängen, befangen, was ihren mehrdeutigen, ich möchte sagen schillernden Anschein betrifft. So wird Müll zu Glanz und umgekehrt, und eine

stolze Charakterstärke, die bei dem einen Gelegenheit zur Rettung eines Lebens mit anschließender Ordensverleihung gibt, dient bei anderer Gelegenheit zur Verhinderung jeglicher Anstellung.

Man kann in schwachen Momenten träumen, jedes Ding habe irgendwo einen Platz, an den es hingehört, wo es aufhören würde zu schillern. Was manche Schillersüchtige beruhigt, andere zutiefst ärgert, ist, dass das Schillern selbst zu einem Ort werden kann, wo das Schillern zur Ruhe kommt. Während die einen sich dann im Schillern einrichten, ziehen die anderen immer missmutiger durch die Kneipen und Städte, ihrem Schicksal ausweichend wie das Chamäleon dem Schatten seines Laufrads.

Nichtsdestotrotz haben wir durch die Einführung des Federballspiels eine wesentliche Verbesserung erreicht. Die Analysefähigkeit hat sich verdoppelt.

Anstatt wie bisher in nächtelanger Arbeit kuriose Gesprächsprotokolle durchzulesen, die im entscheidenden Moment abschwenken, bekommen wir jetzt von den Sonden selbst klare, kohärente Information, fachmännisch formuliert, in reflektierter und tarierter Form an unsere Zentrale geliefert.

Wir sind aber noch nicht so weit, sie analysieren zu können, da wir erst jetzt darangehen, die Parameter zu etablieren, also eine feste Vorstellung davon aufzubauen, was wir eigentlich suchen, wie wir es nennen und wie wir es messen wollen. Aus relativen Beobachtungen setzen wir nach und nach eine Skala zusammen, wofür wir eine Zeitstrecke von drei bis maximal fünf Jahren bestimmt haben.

Ur.i. … eine Ode oder eine Lade? Schwarzes Loch oder Fliegenbruzzel?

Ur.2. Ist das Religionsunterricht, weee.>er Unzo?

Ur.3. Ist das Verzögerung,-g-e4ahätete“Ifflandsrose?
Ur.1. Ich stimme fü-, die Verzögerung.
Ur.2. »Ein Held unserer Zeit«. Du warst wohl noch bei den Kosmonauten in
Ur.1. .. … der Schule!
Ur.3. Sie war bei den Nonnen …
Sumatra. »ACHTUNG!
P assen Sie auf, meine L ieben, M! ermitteln Sie: Von wemitammt Lereiheit Gut. Beschafft ihm eine Wohnung und gute ehrer. Gefangenschaft und F
in wochenweisem Wechsel.«

Worin liegt der Vorsprung etwa zum Liebesspiel – damals eine bahnbrechende Entdeckung, ein Quantensprung in der Erkenntnistiefe? Erst einmal, das Liebesspiel macht mindestens so viele Analyseprobleme, wie es einen unbestreitbaren Vorsprung in der Informationsgewinnung gewährt. So manches spektakuläre Ereignis beruhte am Ende bloß auf falsch gelesenen Daten. Freilich haben gerade diese falschen Lösungen uns später (zwangsläufig) zu großen Sprüngen verholfen. Doch heute nimmt das Liebesspiel als Thema in der theoretischen Überlieferung sowohl wie in der tatsächlichen messbaren Geistesenergie einen deutlich überproportionalen Platz ein. Man ahnt, dass es sich um ein Sondergebiet handelt, wo man besonders gut aufpassen muss. Deshalb hatten wir uns ständig mit Manipulationen herumzuschlagen, wie allen hier zulänglich bekannt sein dürfte.

Wir hatten ja das Problem selbst herbeigeführt. Bei der Gestaltung des materiellen Erscheinungsbilds stützten wir uns in einer nachlässigen Vereinfachung ausschließlich auf die Angebote eines Quelle-Katalogs. Die Gewänder des Katalogs sind in der Umgebung unserer Sonden wenig verbreitet. Kaum hatten wir bestellt, ist dieses ich ertrage es nicht. Nicht jeden Tag, halbe Stunde in der Abenddämmerung spielen, »trainieren«, sagt sie, dabei spielt sie wie ein Clown, und schon gar nicht am Sonntag, wenn echt alle Menschen von im Umkreis von acht Kilometern, die Lebensfreude buchstabieren können, auf dieser Wiese rumliegen, dass ich mir echt denke, die sollten ein paar Arbeitslose engagieren, die die Leute zählen, die reinkommen, und die Leute zählen, die rauskommen, damit sie beim Abschließen merken, wie viele Zerquetschte und Zertrampelte und Babys, auf die sich wer gesetzt hat oder wissen Sie vielleicht gar nicht, es ist eine richtige Mauer! Im Ernst, eine Mauer. Ur.3. Die engagieren sich auch nur nach großen Katastrophen, was? Ur.1. Scheint so zu sein. Frag ihn, warum er den andern misstraut. Ob er das denn tut. Ur.2. xxxxxxxxxxxx Er. vvvvvvvvvvvvvv Ur.2. Er sagt, er möchte uns gegeneinander ausspielen. › – ihn, ob er keine Angst hat.

VII (lyrischer Epilog) Reifenspuren

Ur.2. Nein, das wusste ich nicht. Ur.1. Ein Tippfehler in der Genetik. So entstand die Welt, als Differenz zwischen Theorie und Praxis. Und du siehst, alle arbeiten von verschiedenen Seiten daran, diese Differenz zu schließen. Sie haben wohl vergessen, was das bedeutet, oder sie wissen es, aber können trotzdem nicht aufhören. Ur.2. Diese Parallelfähigkeit e--'uell die Rettung bedeuten. Ur.1. Wirst ab morgen die Weisheit in reichlichen Strömen von oben genießen, hausbackene Umnuss.

Ur.2. Können die nichts gegen die Duschen machen mit ihrer Synthese?

Ur.3. Warte, warte, schau mal auf den Inhalt, bevor du dir die Schnute waschen gehst!

Ur.1. Was ist da?

Ur.2. Schau!

Ur.i. Glaubst du, will der uns verarschen? Ur.2. Nö. Ist ja wirklich interessant. Notwendigerweise zusammen, und er vermute – wünschend – wir hätten die

eingebildete Nabelschnur zwischen den beiden getrennt. Das möchte er, uns Großmächte geqeneinander ausspielend, auf die Probe stellen. Was ihn selbst Soll sie doch mit den Leuten aus ihrem Th~ra-pl,.:;l~""ri::::j spie en~. ~oiien sie doch in Kontorsionen über die Familienwiese gambolieren und sich ungeheuer subtil und witzreich vorkommen. Er nennt sich »Die Aliens«, sie haben sich ein Logo gezeichnet wie eine Burschenschaft, und darunter steht die Losung »Herausposaunen ist die beste Tarnung«. Echt pubertär das alles. Ich werde bald mit ihr Schluss machen. Schließlich gehe ich ja täglich auf die Uni! Es wäre doch gelacht, wenn ich nicht eine Frau finde, die ebenso schön ausschaut und nicht so verkorkst und stur ist wie die Anna. Als ob es ihr Beruf wäre, mir auf die Nerven zu gehen. Ihre Karriere. in einen Raum kommt? Ich weiche innerlich aus und bin gleichzeitig bemüht, das innerliche Ausweichen nicht sichtbar werden zu lassen, reagiere allerdings auf jede ihrer Bewegungen mit einer entsprechenden Verschiebung der inneren Verkrampfung. Es ist, als würden wir permanent Federball spielen. Horribile dictu! Alles spitzt sich zu, wenn wir gleichzeitig nach demselben Gegenstand greifen und uns in die Nähe geraten. Verfangen in den unsichtbaren Geweihen der Höflichkeit, der Abschiebung des Weniger-höflich-Seins auf den anderen, drücken wir uns ein paarmal lachend hin und her, bevor das Dilemma durch einen untergriffigen Vorstoß blitzschneller Animalität von einem von uns gelöst wird.

selbst, es vernichtet alles mögliche andere, was durchaus sehr

fest erschien. Man beginnt trotz aller guten Erziehung doch manchmal an so etwas wie den
er Waschlappen. Wohl zu lange Katzenkracher
Mein lieber Dorn! Kennen Sie den Ausdruck »amerikanische Ästhetik«? Das soll jetzt das Federballspiel ablösen, das am Ende doch recht kurzlebig war. Am schnellsten verstehen Sie es als Antwort auf die Frage: »Was haben Abstract Expressionism und eine Einkaufstüte aus braunem Packpapier ohne Henkel gemeinsam?« Nun entnehmen Sie das Großzügige und das Schlichte (zu spezifisch), und es bleibt ein Filz wie Nostalgie. Die Probanden werden ab jetzt selbst Auskunft geben über unerklärliche Vorlieben für bestimmte Gegenstände und Vorgänge im Alltag. Dafür wurden Internetforen eingerichtet, und sie plaudern schon munter über Schnürsenkelmodelle und das Angenehme am Schienenersatzverkehr in Bezug auf die Gedanken.
Sie behaupten, Sie wüssten mehr über uns als wir selbst. Dennoch stellen wir Ihnen einige Informationen bereit für den Fall, dass Sie sich falsch informiert haben sollten. Gorilla von Samsung nannte uns einmal räumliche Mediävisten. Das bezieht sich nicht, wie man annehmen könnte, auf eine Fortbewegungsart – wie das Wort ein wenig verfälschend von den Proponenten einer Sparvariante der Levitation verwandt wird. Nein, wir erforschen Welten, dunkel und schleierhaft, die zeitgleich, bloß schwer erreichbar, neben unseren eigenen bestehen. Wir haben mehr mit der Spelunkologie zu tun als mit der Mediävistik im historischen Sinn, wiewohl wir viele Techniken mit ihr gemein haben, weil wir den Archäologen misstrauen. Etwa benutzen wir routinemäßig Streit als Mittel zur Wahrheitsfindung.
Sie haben zu Protokoll gegeben, Sie vertrauen unserem Stil. Das ist merkwürdig, denn wenn etwas diesen kenn-

zeichnet, so, dass er zusammengestoppelt ist aus vielerlei Haltungen und Dialekten. Wir verwenden seit ungefähr einem Jahrhundert nicht mehr unsere Muttersprache, sondern andere, äußerlichere Sprachen, auch untereinander.

Ur.2. Er sagt, er will uns berichten, weil er zu uns Vertrauen gefasst hat. Vertrauen? xxxxxxxxxx Er. vvvvvvvvvvvv

Ur.2. Persönliches Vertrauen, wie zu seiner Mutter. Er versteht nicht, was hier zugange ist, hat aber aufgrund des Stils ein gutes Gefühl. Ur.3. Ist er selbst der Verfasser des Berichts? Ur.2. Nein. Er arbeitet als Schreiber für die anderen. Es ist ein Festplattenabdruck. Ein zufälliges Schattenspiel hat es in seine Hände geworfen, und er hat es zu uns geschleppt. Es handelt sich nämlich um eine Mauer. Des anderen Sprache zu biegen, womit sic ohne viel lassen. Wenn sie danach Sehnsucht empfinden, reagieren sie vielleicht hauptsächlich auf die Leichtigkeit, weil es uns ja in der Tiefe nichts angeht. Wenn wir sterben, sprechen wir wieder unsere eigene Sprache.

Wir sind auf das Federballspiel gekommen als ideale Möglichkeit, Unsere Sonden werden teils belächelt. »Die mit ihrem Federballspiel« heißt es vor allem von den Probanden, an denen kürzlich der Methodenwechsel durchgeführt wurde. Man hält an alten Formen fest. Die Parameter dieser Trägheit sind gut erforscht, sie ist nicht unwesentlich am kleinen technisch-geistigen Fortschritt dieser Kultur beteiligt. (...) Die leichte Irritation bleibt aber ohne gravierendere Konsequenzen und wird um ein Vielfaches von den linearen Vorteilen überwogen. Nicht nur ist eine substantielle Erleichterung der Erkenntnisaufgaben unserer Sonden zu verzeichnen, dazu nachfolgend die detaillierteren Daten. Sondern es tritt ein äußerst vorteilhafter Nebeneffekt

Uns wäre daran gelegen, wenn Sie die Güte hätten, zu diesen skizzierten Verhältnissen Ihre Gedanken in Worte zu fassen. Und hier ist noch einmal der Festplattenabdruck, den Sie uns gegeben haben. Wenn Sie dazu Ihre Erläuterungen notieren wollten.

Nachwort des Herausgebers

Ich habe diese Mappe letzten Winter
in meinem Gartenstück gefunden, hinter
den frostgeplagten Ribiselgewächsen,
wo die Atlaszedern unter der Schneelast ächzten.
Ich konnte mir die Herkunft nicht erklären
und wollte mich bei den Nachbarn beschweren,
weil die des Öfteren was rüberschmeißen
und immer noch wegen der Zedern keifen,
die die Besonnung abschirmen vom Rasen,
wo sie, bevor die Zedern waren, lagen.
Das war ja mit ein Grund dafür, die Zedern
zu pflanzen, um die Stimmen abzufedern,
weil die, wenn sie dort lagen, immer stritten
und ich, obwohl friedfertig, mich inmitten
von Streit sah, mich daran nicht hindern konnte,
in die Richtung, wo jenes Paar sich sonnte,
gehässige Tiraden zu entlassen,
und Hasswallungen spürte sonder Maßen.
Deswegen radelte ich in den Bauhof
und lud mir sieben Zedern aufs Velo drauf,
die ich am Rand meiner Parzelle pflanzte.
Sie hätten sehen müssen, wie das Übel tanzte!

Nun, ich bin kunstsinnig, Zedern Bäume des Todes,
ich auch nicht fern vom Tod, dem letzten Lotus.
Mit meiner trüben Lebensenergie
richtete ich die Zedern auf, um nie
mehr über Nachbarn mich in bösem Gram
zu wälzen. Was so war, bis diese Mappe kam.

Warum? Werfen die Nachbarn doch tagtäglich
den Müll unter die Zedern, und das schädigt
die Rinde manchmal, und schön ist es nicht.
Ich heb es trotzdem auf wie meine Pflicht.
Die Mappe aber war etwas vertrackter:
Sie schien mir sorgfältig beschmiert mit Kot.
Verstörung schwoll zu Zorneswut, sodann
setzte ich, räuspervoll, zu einer Rede an.
»Werter Herr Nachbar, ehrwürdige Frau Nachbarin,
Sie wissen, dass ich Ihnen wohlgesonnen bin.
Wie kommt es, dass Sie die Mühe verlieren,
eine Mappe mit Unrat zu beschmieren
und sie vor meinem Haus zu deponieren?
Wäre mein Garten rings von wilden Tieren
bewohnt, ich hätt mehr Frieden als mit Ihnen.«
Doch meine Nachbarn, dort am Griller, schienen
die Worte, die ich tat, nicht zu bemerken.

Fortuna schickt ihre galanten Schergen
auf heitre Wiesen. So ward Proserpina,
sich windend über Grünem – und es schien ihr
so sicher wie ein Ehebett –, gebissen
von jenem Otter, den Pluto, gerissen-
er Brautwerber, schickte, um sie zu holen.
Seither strampelte sie zwischen den Polen
seiner Gewalt und der ihrer Natur.
Man mag das Zucht nennen; es zwang sie nur,
sich auf zwei gleiche Hälften zu verteilen.
So ward den Nachbarn nicht lange zu weilen
beschieden. Und obwohl wir so viel stritten,
verschiedene Kriegshandlungen durchlitten,
hat es mich doch, ehrlich gesagt, schockiert.

Wenn eine Frau einen Drachen gebiert,
ein freundlicher Mensch auszuckt, wenn ein Punk
für eine Warnung vor der Straße dankt,
werde ich aggressiv, weil ich nicht weiß,
ob mich die Welt nicht besser gehen heißt,
anstatt mit offenbar verkehrtem Denken
mich selbst und alle anderen zu verwirren.
Wart auf ein letztes Zeichen und bin dann gekränkt,
wenn nach der Überraschung nichts mehr an mich denkt.
Man könnte doch die Güte haben, mir zu sagen,
wenn ich nicht mehr erwünscht bin. Derart nagen
die Phänomene rund um mich herum
an mir, doch keines bringt mich um.
Umso schockierter war ich, meine Nachbarn tot zu sehen.
Man merkte deutlich, etwas war geschehen,
denn eine dunkle Lache umgab jeden Stuhl.

Es war mir sofort klar, dass die Attacke
etwas mit dieser kotbeschmierten Mappe
zu tun hatte. (Wie lange hab ich, nebenbei,
darauf gewartet, dass ich diese drei
Wörter, Kern jedes Kriminalberichts,
verwenden kann in Form eines Gedichts.
Ich schloss mit einem Schulfreund darauf eine Wette,
die ich ohne dieses Ereignis wohl letztlich verloren hätte.)
Was aber, bleibt mir bis heute verschlossen.
Da ich auf meinem Sterbebett die Muße habe
und nicht mehr über Blumen, die am Grabe
erlaubt sind, reden will, beschloss ich,
mich mit den Blättern zu beschäftigen,
welche ich damals, nur flüchtig besehen,
im Schuppen liegen ließ, noch aufgeschlagen

auf Seite zwei, als Polizeisirenen
mir ins Bewusstsein riefen, dass es kleinere Probleme gibt.
Jetzt lese ich die Texte, und kann mir die Tränen –

Die Leute schreiben sich um Kopf und Kragen,
entblößen sich, wiederholen die Fragen,
versuchen, zu verstehen, was sie sagen,
erziehen sich, nicht uhrwerkhaft zu klagen,
lassen die Jagd nach Ungeliebtem liegen,
verlieren die Scheu vor lebendigen Leichen,
müssen nicht mehr vorm Tod künstlich erbleichen,
hassen die Liebe, die sie einst erschlichen,
erben die Boote ihrer alten Feinde,
erkennen die Phantastik ihrer Rinde,
sind endlich mit Versprechendem im Bunde
und halten sich, organisiert, für Wilde,
entreißen noch der Sonne, wie sie scheine,

und alles, was sie sehen, ist, dass der Herausgeber stirbt.

Dieser Herausgeber, jedoch, bevor er stirbt
die diese Mappe birgt,

Die Fenster spiegeln schwere Richtungen,
wie Balken lagern Leben auf den Dichtungen.
Wenn ich vermuten darf, was diese Sichtung soll,
so, dass sie Licht auf unsere Schleifen wirft,
die warten, in der Nacht, dass es hilft

sie wollen

Leider hatte Herr Torsten Werckescheidt sein Gedicht nicht beenden können, als er am 30.3.2010 verschieden ist.
Er hinterließ ein Gartenhäuschen mit einem merkwürdigen Zubau, in welchem sich die Mappe befunden hatte. Der Zubau ist aus gewölbten Plexiglasscheiben und Holzlatten konstruiert und aufgrund der unfachmännischen Bauweise vom Kollaps bedroht. »Einfach irgendwie hineingeschraubt«, sagte der Erbe, Sohn Karsten Werckescheidt, der angibt, er möchte das Häuschen durch eine Loggia ersetzen, um die Parzelle besser vermieten zu können. So macht Geld einen wackligen Zustand dem Boden gleich.

Suhrkamp Verlag GmbH
Torstraße 44, 10119 Berlin
info@suhrkamp.de
www.suhrkamp.de